関西極楽
さぬきうどん

【前編】

ちく玉天ぶっかけなんたることだ

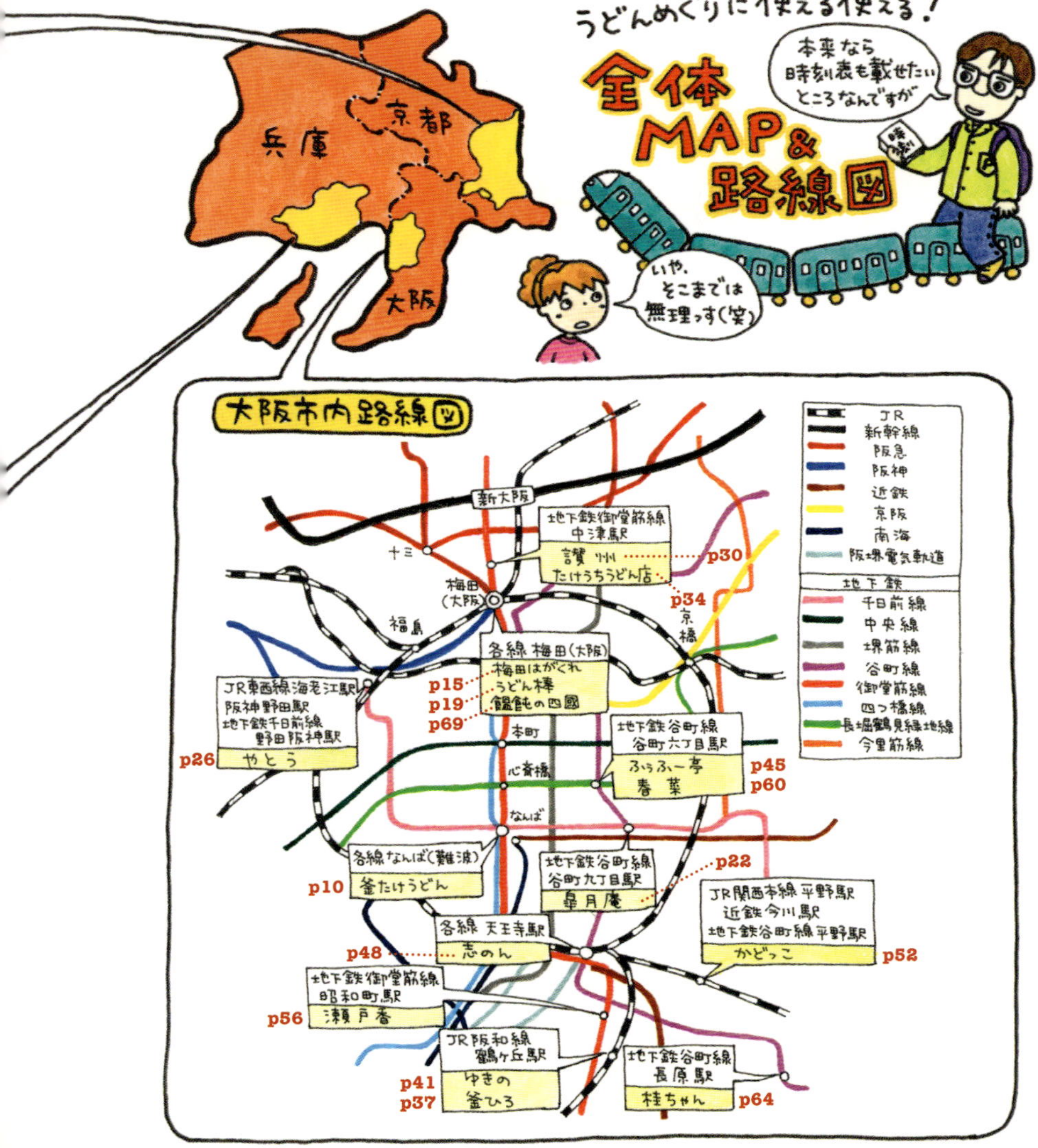

うどんめぐりに使える使える！
全体MAP&路線図
本来なら時刻表も載せたいところなんですが
いや、そこまでは無理っす（笑）
時刻表
兵庫
京都
大阪
大阪市内路線図
JR
新幹線
阪急
阪神
近鉄
京阪
南海
阪堺電気軌道
地下鉄
千日前線
中央線
堺筋線
谷町線
御堂筋線
四つ橋線
長堀鶴見緑地線
今里筋線
新大阪
十三
梅田（大阪）
福島
京橋
本町
心斎橋
なんば
地下鉄御堂筋線 中津駅
讃州 p30
たけうちうどん店 p34
各線 梅田（大阪）
梅田はがくれ p15
うどん棒 p19
饂飩の四國 p69
JR東西線海老江駅 阪神野田駅 地下鉄千日前線 野田阪神駅
やとう p26
地下鉄谷町線 谷町六丁目駅
ふうふー亭 p45
春菜 p60
各線 なんば（難波）
釜たけうどん p10
地下鉄谷町線 谷町九丁目駅
皐月庵 p22
JR関西本線 平野駅 近鉄今川駅 地下鉄谷町線 平野駅
かどっこ p52
各線 天王寺駅
志のん p48
地下鉄御堂筋線 昭和町駅
瀬戸香 p56
JR阪和線 鶴ヶ丘駅
ゆきの p41
釜ひろ p37
地下鉄谷町線 長原駅
桂ちゃん p64

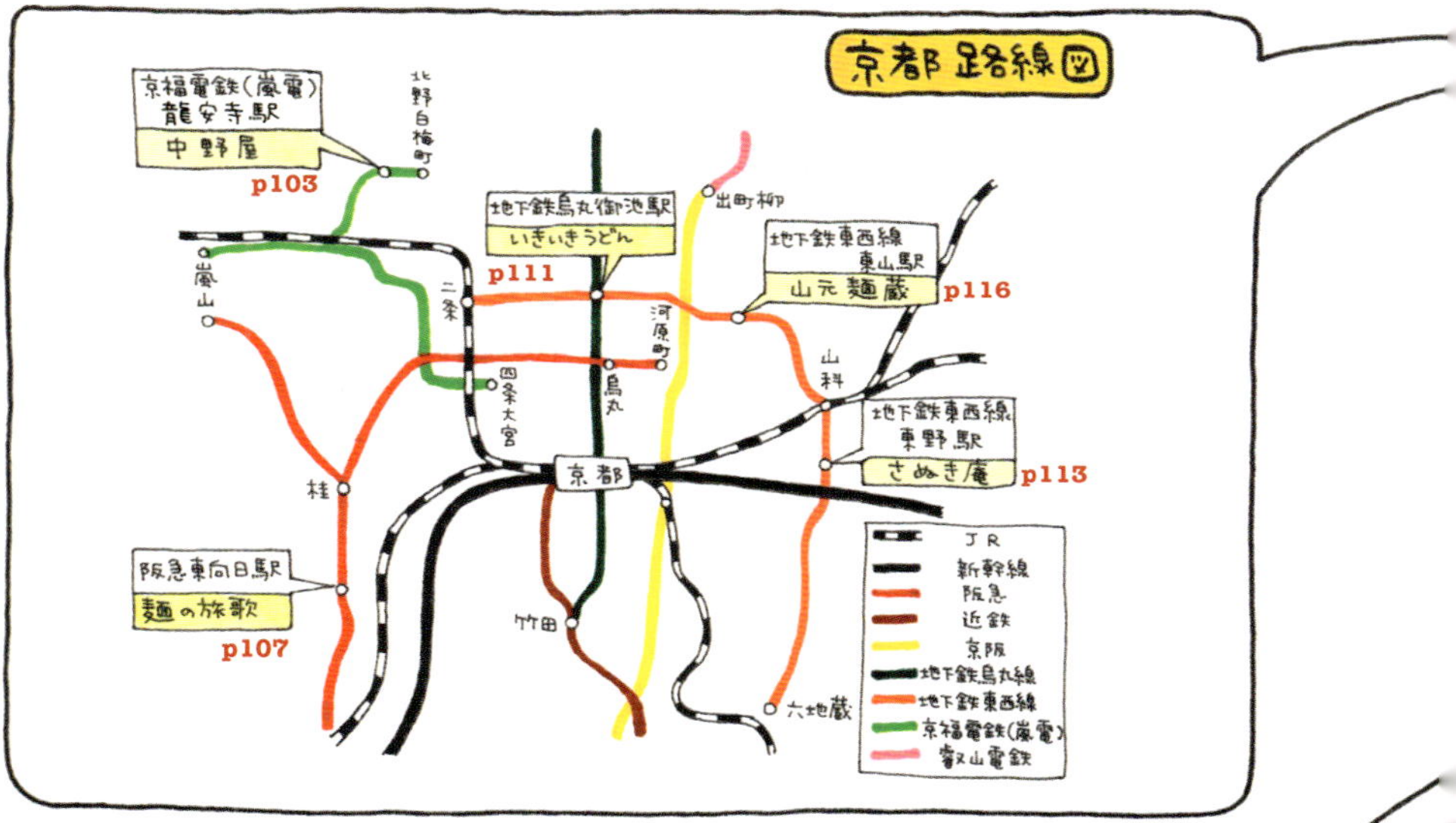
京都路線図
京福電鉄(嵐電)
龍安寺駅
中野屋
p103
北野白梅町
地下鉄烏丸御池駅
いきいきうどん
p111
出町柳
地下鉄東西線
東山駅
山元麺蔵
p116
嵐山
二条
河原町
四条大宮
烏丸
山科
地下鉄東西線
東野駅
さぬき庵
p113
京都
桂
阪急東向日駅
麺の旅歌
p107
竹田
六地蔵
JR
新幹線
阪急
近鉄
京阪
地下鉄烏丸線
地下鉄東西線
京福電鉄(嵐電)
叡山電鉄

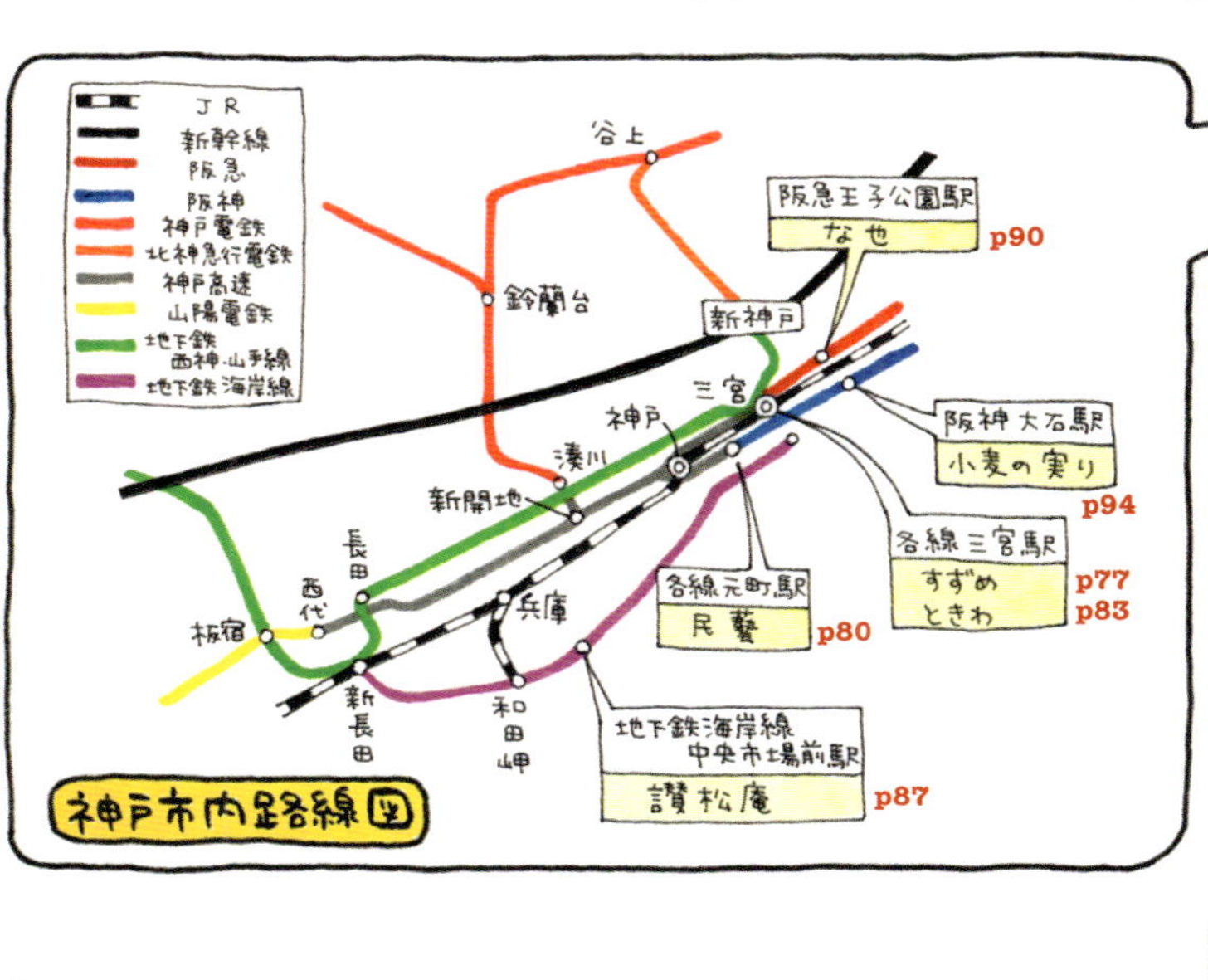
JR
新幹線
阪急
阪神
神戸電鉄
北神急行電鉄
神戸高速
山陽電鉄
地下鉄
西神・山手線
地下鉄海岸線
谷上
阪急王子公園駅
な也
p90
鈴蘭台
新神戸
三宮
神戸
阪神大石駅
小麦の実り
p94
湊川
新開地
各線三宮駅
すずめ
ときわ
p77
p83
長田
西代
兵庫
各線元町駅
民藝
p80
板宿
新長田
和田岬
地下鉄海岸線
中央市場前駅
讃松庵
p87
神戸市内路線図

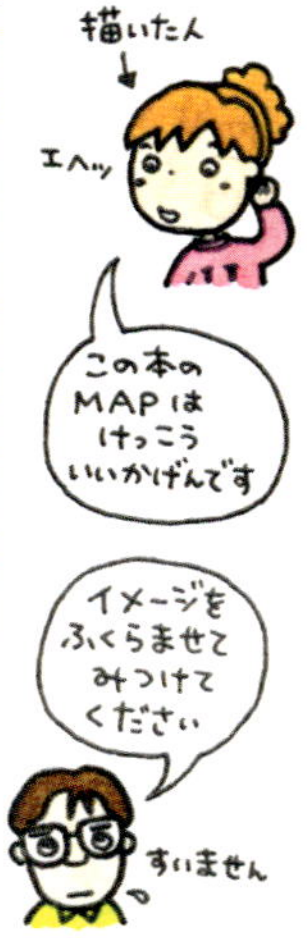
描いたん
エヘッ
この本のMAPはけっこういいかげんです
イメージをふくらませてみつけてください
すいません

さぬきうどんめぐりの始まり

2006年1月某日。
大阪・西梅田で、奇妙な新年会が開かれた。

【集まった人々】
●関西のさぬきうどん屋店主たち（19軒）
●関西でさぬきうどんにまつわる活動をしている人たち（うどん研究家・日本コナモン協会・出版社・映画制作関係者など）
●関西在住のさぬきうどんWebサイト運営者他、さぬきうどんマニアたち
総勢約50名
【会場】『饂飩の四國　西梅田店』
【主旨】酒を酌み交わしながら、うどんについて熱く語り交流を深める

想像してみてほしい。

関西で〝さぬきうどん〟と名乗って店を出している主人たちが、「このあいだはじめておたくの店に伺いまして～」「うちは粉の配合が～」などと言いながら、他の店のさぬきうどんをすすって笑いあっているのだ。**異様な光景である。**

今までいろんな飲食店を取材したが、「今度、神戸の焼肉屋が一同に集まって会合やるんですわ」とか「京都のあんみつ屋だけで夜な夜な集まる飲み屋があってなぁ」なんて話は聞いたことがない。もしや関西のさぬきうどん屋たちは組合でも作っているのか？

うどんにくわしいわけでもないのにこの新年会に紛れ込んでしまった私は、かなり面食らった。**自分の店の粉と水の配合を同業者にバラしちゃダメじゃないか！**

「今年の夏に『UDON』という映画が公開される予定です。これからますます、みなさんでさぬきうどんを盛り上げていきましょう!」と発表があると、会場から一斉に拍手と歓声が沸き起こった。

ふむ。もしや……はは一ん、そうか、わかったぞ。**要するにこやつらみんな、単なるさぬきうどん好きだな?** マニア度合いとみずからのキャラクターに応じて、店を出していたり、メディアに身を置いていたり、趣味としてホームページを運営していたりするだけで、根っこの部分はみんないっしょなのだ。

そんなことをムニャムニャと考えていたら、ふと気になった。

「この一味の親玉はだれだ?」

いったいだれが50名ものさぬきうどんマニアたち(しかもおじさん度高し)を取りまとめ、一か所に集わせたのだ。それこそ相当の知識と威厳と情熱と、それからえ~と、マニアとしての誇りを有しているに違いない!

その疑問の答えとして紹介されたのが、**この本をいっしょに作ることになる別府さん**と、難波千日前にある『**釜たけうどん**』**の大将たけちゃん**だった。

別府さんは京都の某有名国立大学で国際政治を

関西うどん界の親玉(イメージ)

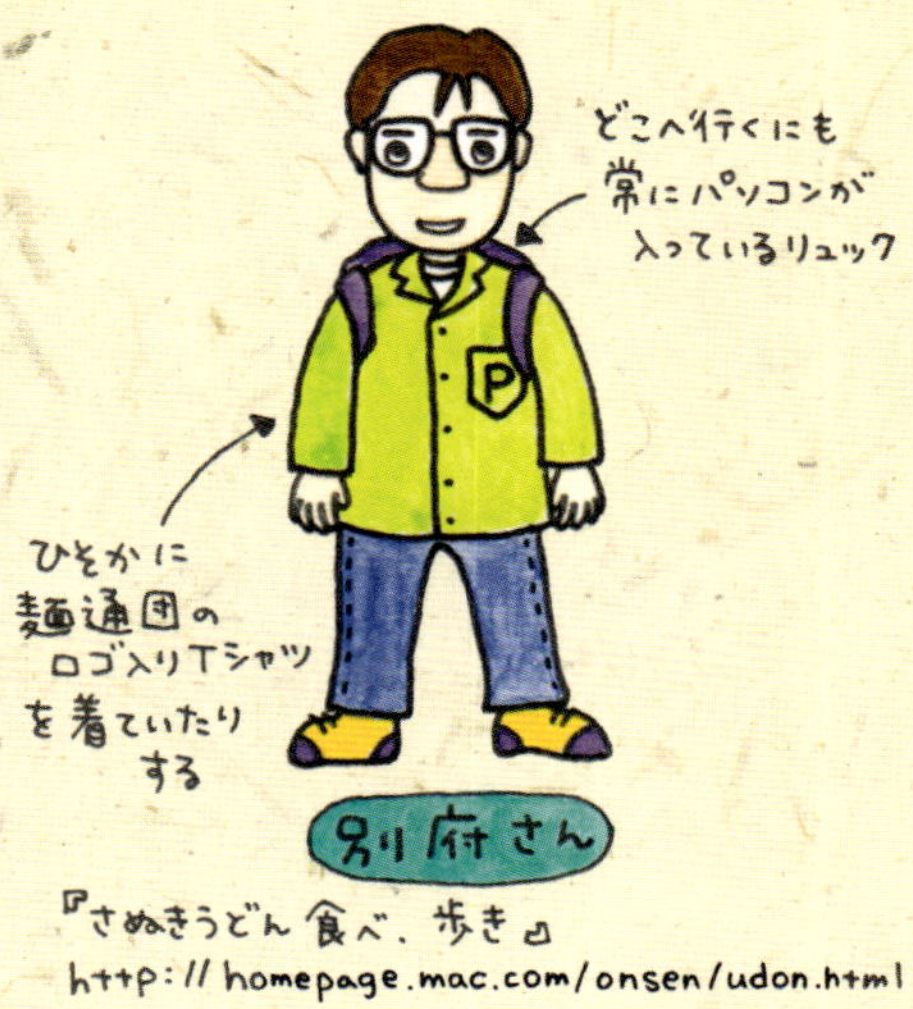
どこへ行くにも
常にパソコンが
入っているリュック
ひそかに
麺通団の
ロゴ入りTシャツ
を着ていたり
する
別府さん
『さぬきうどん食べ、歩き』
http://homepage.mac.com/onsen/udon.html

研究しながらも、**全国のさぬきうどん屋のデータ集めがライフワーク**という変な人である。鹿児島出身で京都在住なのに、故郷や京都よりも香川の道（とくにうどん屋がある路地）の方がくわしく、うどん好きの香川県人に「おすすめのうどん屋情報を教えてくれ」と言われるめずらしい人である。ちなみに別府さんが最初にさぬきうどんの世界で有名になったキッカケは、「香川のどんな田舎にある店でも車を使わず、できる限り公共の交通機関を使って行く」という、香川に住んでいる人なら絶対やらない無謀な計画をやってのけたことだった。時刻表とにらめっこしながらスケジュールを組み、めぼしい交通機関が周辺にない場合は1時間でも歩く。このマニアックで酔狂な試みが〝さぬきうどんブームの火付け役〟麺通団の田尾団長にとりあげられ、一躍別府さんはスターダムにのしあがったのだ（あくまでさぬきうどんの世界で）。私もず〜っと前から『**麺通団員　別P**』の名前は知っていた。確認はしていないがたぶん、国際政治の世界よりもさぬきうどんの世界の方が有名にちがいない。

　たけちゃんは会社員をしながら香川や大阪を食べ歩き、サイトで情報を発信していたのだが、2003年、**あまりのマニアっぷりに開業までしてしまったという生粋のさぬきうどんマニア**である。それでもってすごいのは、店をオープンした後もずっと食べ歩きを続け、他の店を紹介し続けているところだ。あちこちの店で店主と仲良くなり、**関西さぬきうどん屋のネットワークを作り上**

げているのは他でもない、この人なのだった。

私の描いた親玉イメージとはちがい、２人とも拍子抜けするぐらい腰が低くて社交的だったが、それにしてもそのマニアっぷりは立派、あっぱれである。うどんが好きだ、好きなんだーっ！　と海に向かって叫んでいるような、うどんマニアオーラを全身から出しながら熱く語るたけちゃんを見ていたら、どうしようもなくこの人の打つ麺が食べてみたいと思った。

香川で数回、うどん屋取材をしたときに感じた**「さぬきうどんの味＝店主の人柄」的な、商売というよりも店主の個性がそのまま麺の味につながっている感覚。**たけちゃんや、他の関西のさぬきうどん屋も同じなのだろうか？　やはり本場を離れると何か違うのか？　ムクムクと興味が沸き起こってくる。

浦「別府さん！　関西のさぬきうどん屋さんもおもしろいですか？」

別「あ、はい、けっこうおもしろいですよ〜」

浦「連れてって！」

別「え、別にいいですけど……」

——その場の勢いというかなんというか、なんせここから私の関西さぬきうどんめぐりの旅がはじまった。

誰に対しても
めちゃくちゃ
腰が低い。
うどん好き
オーラ
たけちゃん
『讃岐手打ち 釜たけうどん』
http://kamatakeudon.kt.fc2.com/

もくじ

第3ビル
第2ビル
第1ビル
第4ビル
マルビル
阪神

大阪市内

行列店多し！
麺切れに
注意

かに
通天閣
四天王寺

電車と地下鉄
だけで
全店制覇が
可能です

開店と同時に行列ができる
超人気店。麺切れにご用心。

元祖ちく玉天ぶっかけ

釜《かま》たけうどん

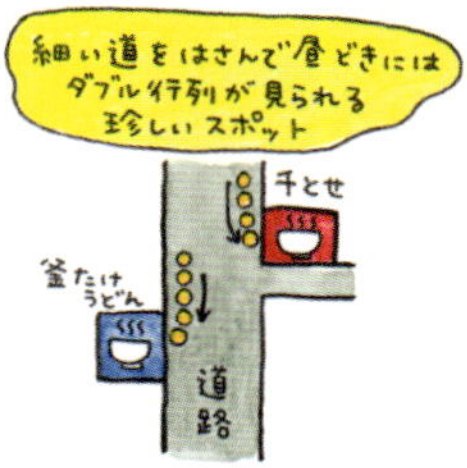

別「そしたら手はじめに数軒、うどん屋めぐりをしてみますか」

浦「よろしくお願いしまっす、うどんプロフェッサー!」

新年会から約1か月後、1軒目に別府さんと訪れたのは難波千日前にあるたけちゃんの店『釜たけうどん』。なんばグランド花月を過ぎて、道具屋筋をちょっと入ったところにある。

浦「えっ、ここって」

別「そう、肉うどんと肉吸で有名な『千とせ』の斜め向かいなんですよ。チャレンジャーでしょ、たけちゃんてば（笑）」

たまたま「これだ!」と思った物件がその場所だったということらしいが、大阪うどんの老舗『千とせ』の目の前に素人がさぬきうどんの店をオープンするなんて、と当初マニア仲間たちからは心配の声があがったらしい。ところがどっこい、この日も釜たけうどんは大繁盛で、店の前には行列ができていた。

讃岐手打ち　釜たけうどん

住　所	大阪府大阪市中央区難波千日前 4-20
電話番号	(06) 6645-1330
営業時間	11:00 ～ 16:00（麺終了次第）
定休日	月曜
席　数	24 席
駐車場	無
ホームページ	http://kamatakeudon.kt.fc2.com/index.htm

別「ほんとうになることかと思ったんですが、雑誌やテレビなんかのメディアにとりあげられた影響もあって今では一躍有名店の仲間入りをしています。**"さぬきうどん"と聞いて一般的にイメージするのは太くてゴツい麺だと思いますが、たけちゃんの作る麺は実のところ香川でもめずらしいくらい太いんです。固いコシとは違う、もちっとした食感が持ち味かな**」

しばらく行列に並んで席についたが、たけちゃんは厨房の中でものすごく忙しそうだったので挨拶もそこそこに注文することにした。

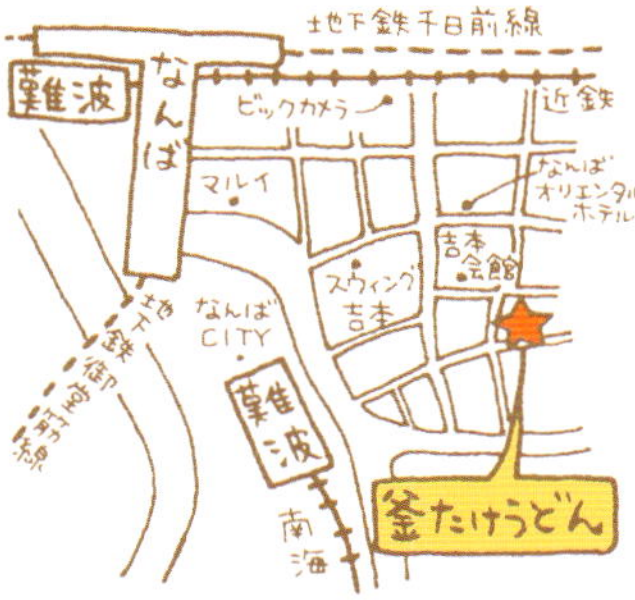

浦「何を頼めばいいですかね」

別「**ここは躊躇なく『ちく玉天ぶっかけ（680円）』**で。香川ではメジャーなトッピングの**ちくわの天ぷらと半熟玉子の天ぷらを組み合わせて、1つのメニューとして名前をつけたのは私が知っている限りたけちゃんがはじめてです。画期的と言っていいでしょう**」

浦「それって画期的……なんですか?」

別「ええ、香川ではちくわ天や半熟玉子天はあくまで単品のトッピング扱いで、メニュー化しようなんて思いつかないですから」

浦「そんなもんですかねぇ」

よくわからんがその世界の中では結構すごいことらしい。それを証拠に、**現在関西のさぬきうどん屋では『ちく玉天ぶっかけ』を出す店が爆発的に増えているのだ。** 実はたけちゃん自身が100円ショップで見つけた"半熟玉子が簡単に剥ける形状のスプーン"を持って、あち

こちのうどん屋を訪ねてはメニュー化をすすめているからに他ならないのだが。

別「半熟玉子はカラを剥くのがむずかしいので出している店があまりなかったんですが、たけちゃんの見つけたスプーンのおかげですっかり関西のさぬきうどん屋では定着しましたね」

浦「なんで自分の見つけた道具と開発したメニューを教えてまわるんですか!?」

別**「う〜ん、もともとがただのさぬきうどん好きだからじゃないですか」**

あかん。やっぱりよくわからん。とりあえず、たけちゃんはふつうの料理人とはちと違う、ということだけは確かなようだ。『ちく玉天ぶっかけ』の件だけではなく、粉の配合から、果ては原価率やら店の収支まで（！）他の店で喋ってきてしまうという。相談されれば他の店のメニュー開発もいっしょになってやるらしい。

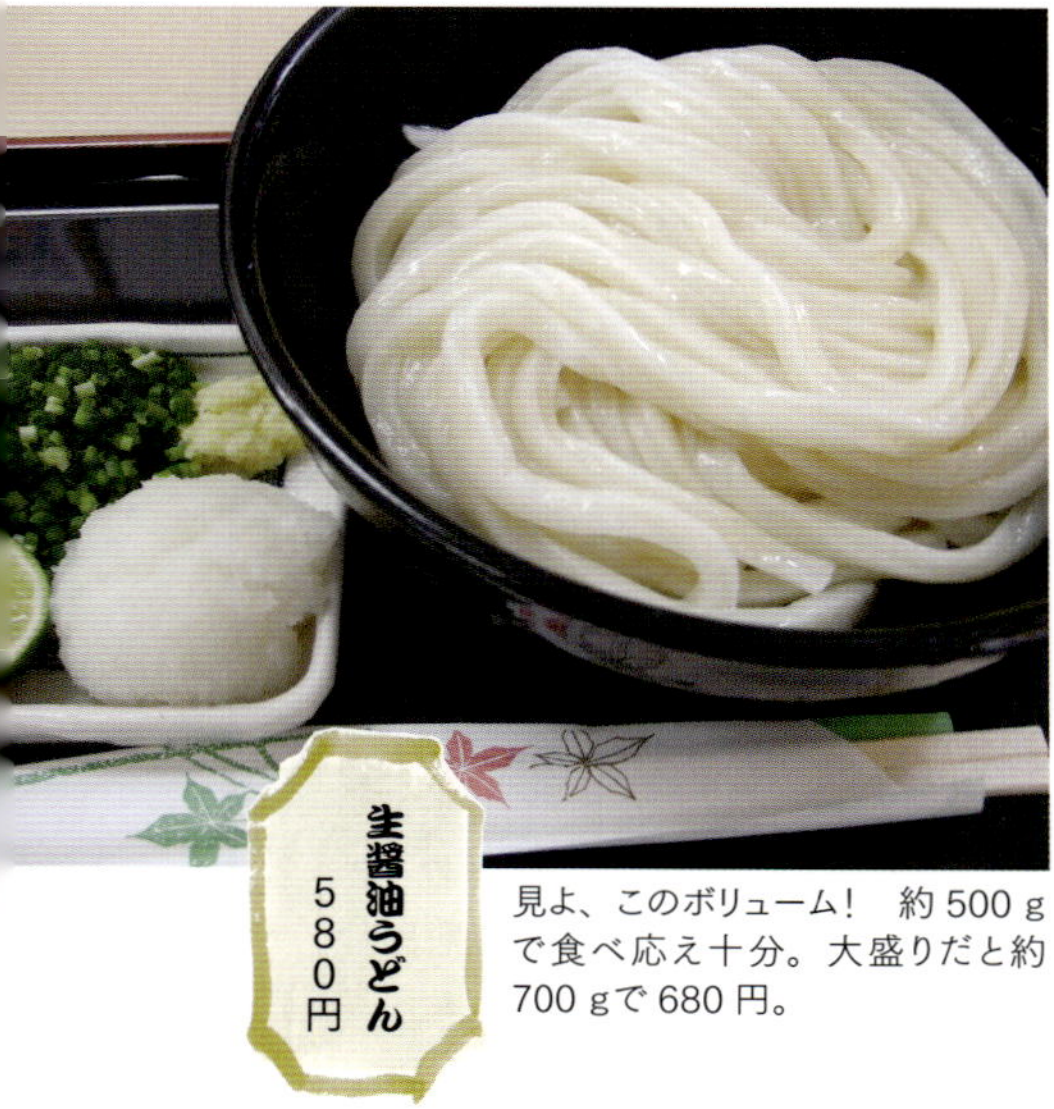

見よ、このボリューム！　約 500 g で食べ応え十分。大盛りだと約 700 g で 680 円。

別「もちろん無報酬ですしねぇ。ちなみにたけちゃんは、**修行したいという人にも非常にオープンです。どんどん受け入れて、自分の知っていることを全部教えて、いつでも独立OKなんですから**」

浦「なんですと!? いったい何のためにそんなことを?」

別「**さあ、単においしいさぬきうどん屋が増えるのがうれしいんじゃないですか**」

たけちゃん考案の名物メニュー。現在、関西のさぬきうどん屋で爆発的に普及中。

実際、たけちゃんは新店がオープンするたびに出掛けていって、自分のサイトで紹介している。釜たけうどんのキャッチコピーが〝実験讃岐うどん研究所〟というだけはある。うどん屋というよりはまさしく研究所だ。

浦「はぁ……聞けば聞くほど不思議な人ですね」

別「たけちゃんのところから巣立っていったお弟子さんたちがいろいろな場所で店をオープンしていて、どの店も独自のアレンジを加えて個性を出しているので、そのあたりもめぐってみるとおもしろいかもしれません」

たけちゃん自身は〝修行〟ではなくて〝研修〟とよんでいて、けっして弟子ではない、と言っているのだが、あえてそこぐらいは弟子とよんでもいいではないか。というわけで、たけちゃんのお弟子

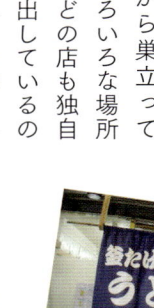

さんの店もこの本の中でけっこう出てきます。お楽しみに。

浦「あっ、肝心のうどんのこと話すの忘れてた！」

別「はい、まだ一言もコメントしてません（笑）ダメですよ浦谷さん、これ一応うどんの本でしたよね」

浦「うぐっ。1軒目から結構ツッコミきついっすね、別府さんてば……」

え〜と、気を取り直して。

『釜たけうどん』の麺は、とにかく太い！ 女性客の50％程度が麺を1本ずつ口に運んでいる。残りの50％は2本ずつで、これが精一杯といった太さである。表面がムニュッとしていてなかなか噛み切れない粘りとコシと弾力がある麺なので、もし3本ほど一気に口に入れちゃった場合はしばらく会話不能になる。

浦「別府さんみたいに噛まずに麺をそのまま飲み込める人は3本入れても大丈夫です」

別「噛んでますよ！ たまにですけど」

それから、量が多いのでうどんだけでおなかいっぱいになる！

別「では解説いたしましょう。**香川だと小1玉200g程度がふつうなんですが、関西の場合は平均240g程度。それに比較して『釜たけ』のぶっかけ類は400g、『生醤油うどん』になるとだいたい500g**ですから、かなり多いです」

さらに。大ちくわ天(200円)はびっくりサイズで食べごたえ満点。ぷりっぷりのウマウマで追加注文に最適です。

浦「こんなもんでいいでしょうか、プロフェッサー」

別「あ、あと、日によって麺の太さや食感がずいぶん変わるのでお気をつけて」

浦「だそうです〜」

その他の人気メニュー

ちく玉天うどん 580円
釜玉 580円
あげ餅ぶっかけ 600円
梅ぶっかけ 650円

さぬきうどん基礎講座

梅田《うめだ》はがくれ

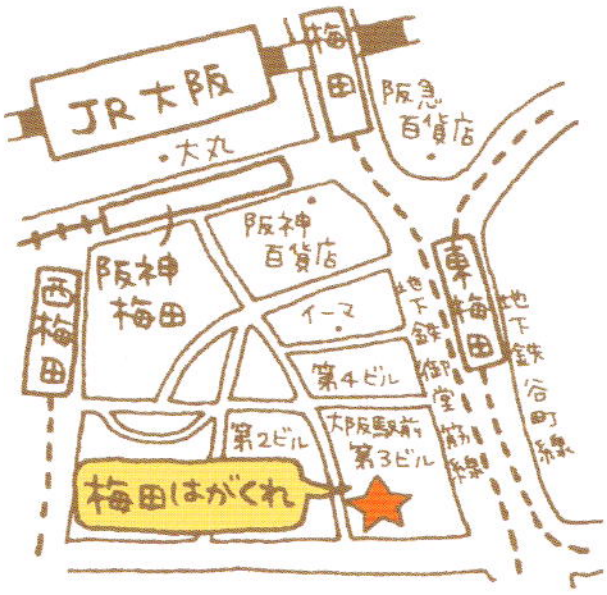

大将の醤油かけパフォーマンスは楽しみのひとつ。

別「数年前までは生醤油うどんや釜たまうどんの食べ方がそれほど浸透していなかったから、おもしろい話がけっこうありましたよ」

浦「ああ、かけダシみたいに醤油をダボダボかける人がいるとか、ああいう話ですね」

別「実は私もそれらしきこと、やったことがあります」

浦「うげ!? マジですか。ちょっと作り話っぽいなぁと思ってたんですけど、目の前にいたとは（笑）」

別「最近は情報があふれていますから、そんな人も少ないでしょうけどね。ところで浦谷さんは**生醤油うどん1玉に対して、醤油をどのくらいかけますか？**」

浦「えっ、いや、いざそんな風に聞かれると……どのくらいかなぁ」

別「じゃあ釜たまにはどのくらい？」

浦「別府さん、なんかちょっぴりイジメてません？」

梅田はがくれ

住所	大阪府大阪市北区梅田 1-1　大阪駅前第 3 ビルB 2
電話番号	(06) 6341-1409
営業時間	11:00 ～ 14:45 (LO)、17:00 ～ 19:45 (LO) (土・祝 11:00 ～ 14:30 麺終了次第)
定休日	日曜
席数	14 席
駐車場	無
ホームページ	http://www.hagakure.cc/index.html

別「ふふ、バレましたか（笑）」

浦「どのくらいの量をかけるのが適正なんですか」

別「私は人に教えるとき〝冷奴にかけるくらいの量〟と言うんですが、実際のところ、今でも食べ方がはっきりわからないという人が多いんじゃないかと思うんですよ」

浦「そう言われてみるとそうかもなぁ」

別「そんなとき、とりあえず行ってみるといいのが『梅田はがくれ』なんです。さぬきうどん初心者には非常にありがたい店です」

『梅田はがくれ』といえば、関西のうどん好きで知らない人はいないという超有名店だ。私でも何度か行ったことがある。**昼どきには毎日かかさず行列ができ、雑誌やテレビの取材がひっきりなし。さぬきうどんの代名詞といったイメージがついている。**

別「もちろんメニューや味、その他、大阪を代表するさぬきうどん店だと思います。ところが大将は『うちのはさぬきうどんやない』と」

浦「ええっ、なんでですか」

言われたとおりに食べてみましょう。
びっくりします。

その他の人気メニュー

ぶっかけ 750円
清涼うどん 1000円（3～9月限定）
豚はりあんかけ 900円（12～2月限定）
※ダブルも同料金

別「まあ、それはこれから他の店をまわっているうちに、おいおいわかってくると思います。今のところはサラッと流してしまってください（笑）」

　この店では注文したうどんが出てくる際、**「食べ方ご存知ですか？（↑従業員のお兄さんの場合）」**もしくは**「あんたはじめてやな（↑大将の場合）」**、たまに**「あんたはこないだも食べたな（↑同じく大将の場合）」**などと聞かれる。食べ方を教えてもらったことがない場合は素直に教えてもらうことをオススメする。まちがった食べ方をしていると大将チェックが入るからである。

　ちなみに毎日の行列に打ち勝ち、晴れて常連になると黙ってうどんを出してもらえるようになる。

別「めんどくさいと思う人もいるでしょうが、**大将の醤油かけパフォーマンスは一見の価値あり**ですよ」

浦「そうそう。見てて飽きないですよね」

別「はがくれ流の部分もありますが基本的な食べ方は抑えていますし、それに第一、ここのうどんを最大限においしく食べるには大将の言うことを聞くのが一番です」

浦「そんなわけで、次頁でイラストによる基礎講座をお送りしまっす」

玉子かけご飯の味わい。

梅田はがくれ大将による

食べ方講座

うどんはノドで食べるもんや!

おっちゃんのやること
よ～く見とくんやで、
1回しか言わへんからな!

★生《き》じょうゆうどんの場合★

↰梅田はがくれでは「ゆ」を小さく表記する。

①

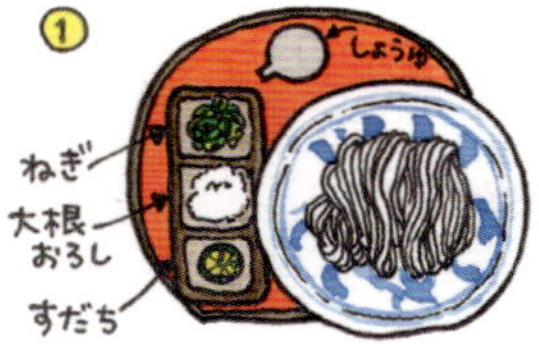
しょうゆ
ねぎ
大根おろし
すだち

きれいに盛りつけられた麺の中央に薬味をのせる。

②

しょうゆの方向
麺の方向

大根おろしの上にしょうゆをかける。麺と直角の方向に2往復半。

③

頭の高さっすか

混ぜずに麺を2本つかみ、頭の高さまで持ち上げてズズーッと一気にすする。

ポイント

大盛りの場合は、しょうゆをかけるときの滞空時間が長くなる。大将のしょうゆかけパフォーマンスは必見!(大盛りも同料金)

ポイント

麺にぬめりが出てしょうゆがにごるので混ぜない。

★かまたまうどんの場合★

① しょうゆを玉子の黄身のまわりに3周かける。

いい玉子だと生臭くならんのです

②

しょうゆをかけたらすぐに、空気を含ませるようによく混ぜる。

こうすると玉子がかたまらない。

③ 2本つかんで頭の高さまで持ち上げ、ズズーッと一気にすする。なんで2本かというと、梅田はがくれの麺の太さだとちょうど食べやすいかららしい。

目からウロコのさぬき直系細麺

うどん棒《ぼう》

大阪店

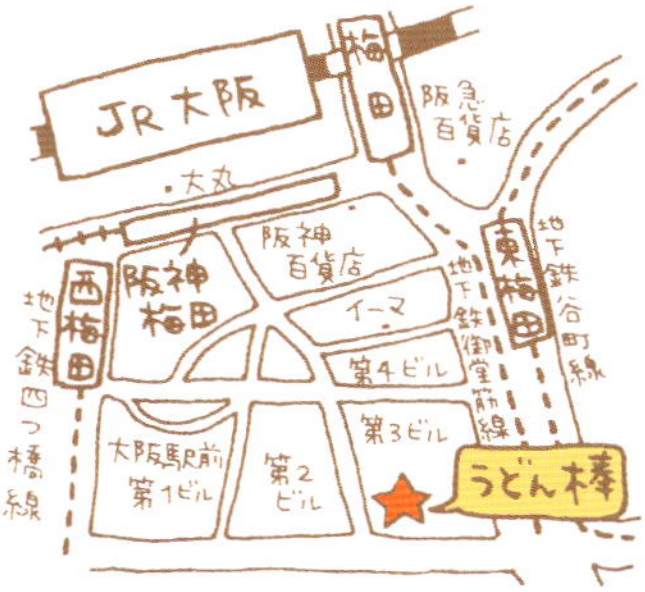
JR大阪
梅田
阪急百貨店
大丸
阪神百貨店
阪神梅田
西梅田
東梅田
地下鉄谷町線
地下鉄御堂筋線
地下鉄四つ橋線
イーマ
第4ビル
第3ビル
大阪駅前第1ビル
第2ビル
うどん棒

別「浦谷さんは、香川にある『**うどん棒本店**』という店を知っていますか？」

浦「マップを描いたことはあるけど、行ったことはないです」

別「そりゃまた、イラストレーターですねぇ（笑）じゃあ食べたことはないんですね。今から行く店は、そこの息子さんがやっている店なんです。**本店とほぼ同じ麺が食べられるんですが、ちょっと驚いてもらえると思いますよ**」

浦「ほほーぅ。そいつは楽しみです」

別「こんにちは～」

大将「あっ、毎度！　いらっしゃいませ！」

ちょっぴり甘いマスクのイケメン大将が元気に出迎えてくれる。ひとしきり別府さんと大将が最近のうどん屋事情について話した後、言われるがままにおすすめの『生じょ

生じょう油うどん
450円

キリッと眉毛がチャームポイントの大将

う油うどん（450円）』と『細切りざるうどん（550円）』、『穴子入りいなり寿司（300円）』を注文した。

ゆであがるのをしばし待って運ばれてきたうどんはツヤツヤピカピカ、そして……。

さぬきうどんってこんなに細いのもアリらしい。

浦「**えっ、何これ、めちゃくちゃ細いですやん！　ほんまに香川の本店と同じ麺なんですか？**」

別「あはは、期待どおりに驚いてくれましたね（笑）　そうなんです、**さぬきうどんというと太い麺ばかりクローズアップされがちなんですが、こういう麺もあるんですよ**」

細くてもちゃんとコシがあって、瑞々しいのびやかさ。麺に水分が多い気がする。ものすごく食べやすい。

浦「うわぁ、おいし～い！　なんか意外ですけど、これもさぬきうどんなんですねぇ」

別「ここのはね、ある意味特別なんです。**ふつうはこれだけのびやかな麺だと、多《た》加水麺《かすいめん》といって製麺時に水を多く配合しているはずなんですが、うどん棒の麺は多加水じゃない**んですよ」

浦「どういうことですか？」

別「それが、よくわからないんですよね」

うどん棒　大阪店

住所	大阪府大阪市北区梅田 1-1　大阪駅前第 3 ビル B 2
電話番号	(06) 6458-5518
営業時間	11:00 ～ 21:00 (土 11:00 ～ 20:00、祝 11:00 ～ 19:30)
定休日	日曜
席数	19 席
駐車場	無

大阪駅前第3ビル内。『梅田はがくれ』と目と鼻の先です。

浦「はい？」

別「大将に聞いてみてください」

大将「ははは。よく聞かれるんですけどね、僕にもわからないんですよ。**小さい頃からうどんはこういう風に打つんだって教えられて、そのとおりやっているだけで。どうしてこういう麺になるのかなんて考えたこともなかったから。**配合的に言うと多加水じゃないみたいですね」

なめらかでのびやかな麺を作る多加水は最近ブームになっているが、ひと昔前の香川ではそんな打ち方をする店はなかったらしい。ということは、大将の作る麺は**親父さんから受け継いだマジック**みたいなものか。ついでに言うといなり寿司も穴子の風味がふんわり漂ってたまらなくウマイのだ。

定休日の日曜になると香川の本店を手伝いに帰っているという大将の**"DNAで打つうどん"**、超有名店『梅田はがくれ』のそばだけに見落としがちだが、大阪のド真ん中で食べられるのはとってもシアワセなのである。

なぜか お客さんが
次々に 作ってきて
くれるという
うどん棒キャラ。
これは第3弾
「じゃこ天様」

穴子入り
いなり寿司
300円

その他の人気メニュー
ちゃんぽんうどん 800円
ぶっかけうどん 550円
日替わり定食 880円

データに裏打ちされた理系うどん

皐月庵《さつきあん》

別『皐月庵』の大将はもともと技術屋の理系肌で、**すべてみずからが数値化したデータにもとづいて緻密にうどん作りをしているんですよ。**これ以上ないほどの超こだわり派、**科学的に分析されたうどん**なんです」

浦「か、かがくてきにぶんせき、ですか。話についていけるかなぁ」

別「おいしいかどうかだけで十分じゃないですか（笑）**1日40玉限定**なので急ぎましょう」

40人ではなく、40玉である。1玉の量はそれほど多くないので、たとえば1人で3玉や4玉食べる元気はつらつサラリーマンが10人来たら売り切れになってしまうのだ。それは急がねばならん！

別「1人で5玉食べる常連さんもいるそうですよ」

浦「げっ。ダメですよ、そんなことしたら都合8人しか食べられないじゃないですか！」

茹で立て麺処　麺匠の里　皐月庵

住　所	大阪府大阪市中央区東平１丁目4-5-102号
電話番号	(06) 6762-1468
営業時間	11:30～15:00 (麺終了次第)
定休日	日曜、祝日
席　数	18席
駐車場	無

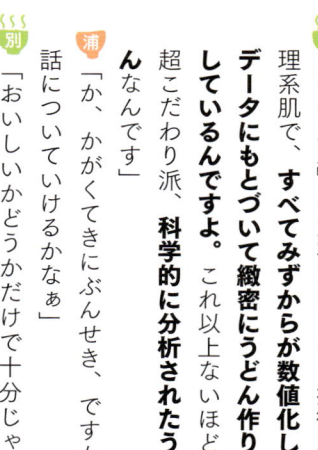

別「その計算、あまり意味がないように思うんですが」

浦「ふむ〜。しかしそれって、儲けになるんですかねぇ」

別「あれだけ素材にこだわって時間をかけて仕込みして、値段的には関西ではふつうですからね。儲けはあまり重視していないいんじゃないでしょうか」

カレーうどん
700円

トロッとあんかけ風。旨みの強いこだわり野菜がたっぷり。

浦「そんな……もしかして半分道楽？」

別「マニアの間ではひそかにそう言われています。ありがたい道楽ですよね、**関西の宝**です」

店の入り口には〝ぶっかけうどん〟と大きく書かれたのれんが掛かっているが、**もっぱらの名物は『カレーうどん（700円）』**だそうな。

別「**20種類以上のスパイスを調合して、何か月も寝かせたカレー粉を使ってるんですよ**」

浦「さっきから話を聞いてるだけで、ものすごい唾液分泌量が増えてるんです〜！　早く食べさせてちょうだい」

注文して待つことしばし。厨房でタイマーが何度か鳴り、時間どおりに仕上げられたはずのベストな状態のうどんがやってきた。1杯1杯が大将入魂の1品であるがゆえ、ここで写真なんか撮っているヒマはない。ましてや、いっしょに

のれんには“ぶっかけうどん”と書かれているが、名物はカレーうどん。

行った人のうどんが来るまで手をつけないで待っているなんてことは言語道断なのだ。とくに温かいメニューを頼んだ場合は連れが上司でも先に箸をつけましょう。

浦「いっただっきまーす！　**はふっ、はふっ、ふおっほっほっほっほっ**」

まずスパイスの心地よい香りが鼻をくすぐって、辛いか？と思ったあたりで野菜の甘みやだしの旨みが辛さを中和していく。麺はダシをほどよく連れてくる表面をしていて、細めのもっちり系。**ふむ〜、これが計算し尽くされた味というものなのか。**

大将「さぬきの麺に関西のかけダシ、関東のつけダシ。各地域のいいところを取ったうどんを作ろうと思ったんですわ」

浦「相当こだわっていらっしゃるとか」

大将「うどんはね、配合が１％違っても、熟成温度が１℃違っても全然違うものになるんです。だから毎日同じ状態になるよう、素材を見極めながら努力し続けないといけない。そのためやったら徹夜するときもありますよ」

浦「ほえ〜、そりゃすごい！　大将のおすすめのメニューはなんですか？」

大将「そうやなぁ、カレーが人気やけど、うちは野菜のおいしさもウリやから『弥

その他の人気メニュー

釜玉カレー 650円
生醤油うどん 600円
ぶっかけ 600円
＊２杯食べたら100円引き

生うどん（500円）』も個人的におすすめかな」

浦「弥生うどん？」

大将「『皐月うどん（650円）』は肉と野菜とあげがちょっとずつ入ってるんやけど、それの肉抜きが『弥生うどん』なんですわ」

浦「皐月は5月ですよね、弥生は3月……4月が抜けてませんか？」

大将「そう、最初は『卯月うどん』にしようかと思ったんやけど、なんとなくゴロが悪いからな」

浦「わはは。ネーミングに関してはえらい感覚的なんですね（笑）」

同業者である**うどん屋さんたちの間でも「あそこまでこだわれるのはうらやましい」と崇拝者が多い皐月庵**、あまり目立たない場所にあるが探して行ってみる価値は十分にある。

ブレンドされたカレー粉が温かい生醤油うどんにかかっている、ちょっと変わったメニュー。

徳島のうどんとさぬきうどんの違いってなんだ?

2度おいしい名物釜玉

やとう

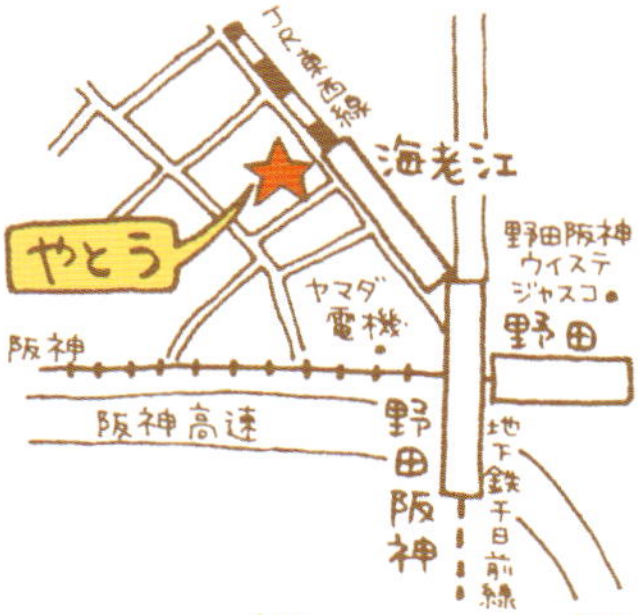

別「今回の本を作るにあたって『やとう』は大阪でハズせない店の1つなんですが、ちょっとした問題が……」

浦「なんですか?」

別**「さぬきうどんじゃなくて、自分が作っているのは徳島のうどんなんやと以前おっしゃっていたような記憶が、うっすらと」**

浦**「徳島のうどん!?**　あんまり聞いたことないんですけど、さぬきとどう違うんですか」

別「それが、私にもよくわからないんです」

　店を観察してみても、『さぬき』の文字は見当たらなかった。だが『徳島』の文字も見当たらん。メニューはざるやぶっかけ、釜揚げ、鍋から唐揚げ定食まで何でも来いといった感じで、とくに目新しい（徳島っぽい）ものはない。

浦「大将、徳島のうどんっていったいど

手打ちうどん　やとう

住所	大阪府大阪市福島区海老江7丁目10-21
電話番号	(06) 6458-8107
営業時間	11:00 ～ 15:00、17:00 ～ 22:00 (土 11:00 ～ 22:00、日・祝 11:00 ～ 21:00)
定休日	水曜
席数	42席 / お座敷有り
駐車場	無

「オススメは？」と聞いたら「マグロ丼」と返答される、お茶目なうどん屋です（笑）

う違うんですか〜」

大将「**別にさぬきとなんも変わらんなぁ。特徴はない（きっぱり）**」

浦「なんじゃそら！　そしたらなんで徳島のうどんなんですか」

大将「うちの兄貴がさぬきで修行して、実家のある徳島でうどん屋をやってるんや。僕は兄貴に教えてもろてうどんの作り方を覚えたから、さぬきは意識してへん。だから徳島のうどんっちゅうわけやな。でもまぁ、ルーツはさぬきになるんやろなぁ」

浦「わかったような、わからんような（笑）」

　ここまで数軒まわって、大将たちにいろんな話を聞いているうちに「うちが作っているのはさぬきうどんじゃない」と言う店が多いのは仕方ないような気がしてきた。要するにどうやら、変に知ったかぶって「このダシはさぬきうどんじゃない」とか「生のスダチを添えていないのはニセモノだ」とかワケのわからんことを言う輩が結構多いから、毎日真摯にうどんと格闘している大将たちは困っているのだ。香川にある店も千差万別、いろんなダシがありいろんな麺がある。生のスダチじゃない店もたくさんある。何がさぬきうどんなのかなんて、しっかりした定義はないに等しい。

別「自分が自信をもってお客さんに提供

しているうどんに対して、妙な言いがかりつけられたらたまりませんもんね。別にさぬきうどんが作りたいんじゃなくて、おいしいうどんが作りたいだけなんですから」

浦「そういうわけで、この本に載っている店はそんな感じで決定しています」

別「どんな感じかよくわかりませんが（笑）」

名物の『釜玉うどん（５００円）』は、ちょっとおもしろい食べ方をする。ここのは玉子の黄身だけが麺に乗って出てくるのだが、それに薬味とダシ醤油をかけて混ぜ、ふつうに食べる。**あと一口になったところで店の人に声をかけると、かけうどんのダシをちょっと薄めたやつを持ってきてくれる**のだ。丼にそのダシを入れ、残っている卵とかき混ぜてズズッとすすると……。

浦「**う、うんまーいっ！**」

釜玉とか生醤油うどんを食べたとき、ちょっとだけダシも飲みたいと思いますよね？　ええ、あなたもきっと思うはずです。とくに釜玉の場合は口の中に玉子の味がまったりと残りやすいから、最後にダシを飲むことでさわやかに締めくくれるというわけです。

別「密度の高いしっかり麺なので釜揚げ状態でもそれほどぶよぶよにならず、最後のダシを入れる際に残っているひと口

その他の人気メニュー

釜揚げうどん 500円
ぶっかけ肉うどん
（温・冷）750円
マグロ丼定食
（40食限定）700円

の麺までおいしく楽しめます」

浦「ちなみに別府さんは待ちきれずに、3口くらい残った状態でダシを所望していました」

この方式で一度食べると、他の店で釜玉を食べたあともダシがほしくなる。もっと広まってメジャーな食べ方になってくれるとうれしいのになぁ。

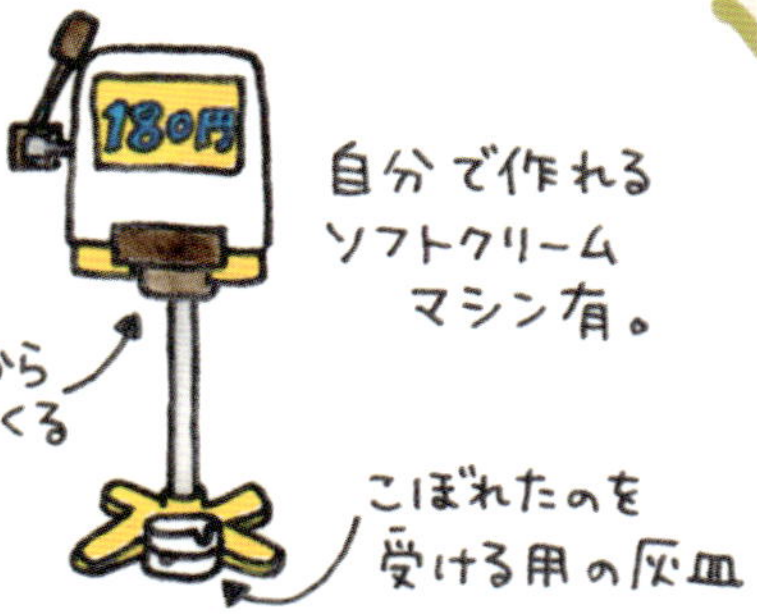

180円
自分で作れるソフトクリームマシン有。
ここから出てくる
こぼれたのを受ける用の灰皿

釜玉うどん
500円
手打うどん
やとう

密度の高いしっかり麺に、玉子の黄身だけが乗って出てくる。即座に混ぜるべし。

ネギと生姜、すだちをかけて、ダシ醤油を二廻し。

最後の一口を残してダシをもらおう。やみつきになります。

中津の若き雌雄（雄の方）

情熱《じょうねつ》うどん 讃州《さんしゅう》

お肌ツヤツヤ
久保くん
中津の
"雄"です

25歳でフランチャイズのうどん店『得得うどん』として独立。5年間営業しているうちに「もっと自由に、もっとおいしいうどんを作りたい」という思いが強くなり、2006年6月に個人店としてリニューアルオープンした『情熱うどん讃州』。**とっても若く見える大将・久保くんだが、同じ地でうどん屋を経営して6年目になる。**

久保「前の店からの常連さんも多いんですけどね、『あれ、兄ちゃん、こっちの店でもバイト続けてるんかいな！　よう続くなぁ』とか言われちゃって」

浦「ぶはは。だって大将、ほんまに若く見えますもん。お肌ツルツルやし」

久保「やっぱり学生とまちがわれたりするとちょっと悲しいんで、最近ヒゲを生やしてるんですわ」

浦「まぁヒゲを生やしてても若いですけどね（笑）」

情熱うどん　讃州

住　　所	大阪府大阪市北区豊崎 3-4-12
電話番号	（06）6377-5555
営業時間	11:00 ～ 15:30（LO15:00）、 17:30～22:30（LO22:00）（麺終了次第）
定 休 日	日曜
席　　数	37 席（1F11 席、2F26 席）/ お座敷有り
駐 車 場	無
ホームページ	http://blog.goo.ne.jp/jyounetsuudon

うどん屋をやる前は割烹や創作料理の店で料理人として働いていた久保くんの作るうどんは、**さすが素地がしっかりできているというか、『釜チャーシュー（780円）』や『カレー釜玉（750円）』などの創作系メニューにおいてもブレない芯の強さがある。**

別　「こういううどんが作りたいんや！　という主張が、どのメニューを食べても感じられるんですよね。自分の作る力強い麺に合う素材をちゃんとわかって選んでいるのだと思います」

別 浦　**「う～ん、これぞ情熱うどん」**

別　「このあたりはお昼どきにはサラリーマンのお客さんが多いでしょうから、こういう働く気力が湧いてきそうなうどんを食べられるのは幸せですよね。私がもしサラリーマンだったら近くにほしい1軒です」

浦　「別府さんがサラリーマン!?　冗談はやめましょうよ、別府さんのどこを切り取っても金太郎飴みたく研究者系うどんマニアの顔しか出てこないっすよ」

別「どういうジャンルですか、それ」

得得時代の面影を残す **〝2玉まで同料金でサービス〟** という設定も後押ししてか、お昼はいつも外まで人があふれている。働く気力を与えてほしいサラリーマンがいっぱいいるのだ、たぶん。

別 **「実は久保くんは、たけちゃんのお弟子さんなんですよ」**

浦「ええっ！　ていうか、何それ!?　だって久保くんの方がうどん屋歴長いですやん」

久保「個人店に変えようかどうか悩んでいるときに **『釜たけうどん』のうどんを食べて、こんなうどんが作りたい！　と思ったんですわ。** それで、営業を続けながら2～3か月、師匠のところに研修に行かせてもらって」

浦「そうやったんですかぁ。あ、それで『ちく玉天ぶっかけ』があるのか」

久保くんの亡くなった親父さんは香川出身の料理人で、**年をとったら『讃州』という名でうどん屋をやりたいと生前に語っていたらしい。** 自分が『得得うどん』をはじめてからそのことを知った久保くんは、「偶然とはいえ、血というか

このつけダシ、すばらしく麺と調和する。いやはや見事。

釜チャーシュー
780円

運命を感じて」今回の店の名前を決めたのだった。

浦「こんなエピソードまで男気にあふれてますな。まさに〝雄〟です」

別「次につなげようという意図が見え見えですよ、浦谷さん」

“情熱うどん”と名づけた由来は不明です（笑）

その他の人気メニュー

ざるチャーシュー 780 円
生醤油 550 円
ちく玉天ぶっかけ 750 円
※ 2 玉まで同料金

カレー釜玉
750円

まったりしているかと思いきや、力強くまとめ上げてある意欲作。

たけちゃんのみつけたカラ剥きスプーンはここでも大活躍。

バー風の店内で食べる
うどんは色気たっぷり。
夢中にさせられます。

中津の若き雌雄（雌の方）

たけうち うどん店《てん》

『讃州』のオープンから約2か月遅れの2006年8月、すぐそば（新御堂筋沿いに歩いて100mくらい）に新しいうどん屋ができた。

別「ここの大将は『やとう』で3年半ほど修行したそうです。ちなみに『讃州』から歩いても自転車に乗っても100mは100mですが」

浦「チェック細かいなぁ」

別**「すぐ見えるぐらいの距離にさぬきうどん屋が2店、立て続けにオープンするとは。中津エリアは熱い！　とマニアの間でもっぱらの評判になっています」**

　オープンした10日後に訪れたら残念ながらお盆休みだったので、別府さんも今回がはじめての訪問である。

浦「『たけうちうどん店』って、ふとん店とかイメージしちゃうのは私だけでしょうか」

別「やわらかい印象の店名ですよね」

HONKAKUTEUCHI　たけうちうどん店

住所	大阪府大阪市北区豊崎 5-2-19
電話番号	(06) 6375-0324
営業時間	11:30 ～ 14:30 (麺終了次第)、18:00 ～ 21:00 (麺終了次第)
定休日	日曜、祝日
席数	16 席
駐車場	無

きつねうどん
580円

浦「そりゃそうですよ、雌として紹介するんですから」

別「それは浦谷さんが勝手に決めつけてるだけじゃないですか（笑）」

　店内のカウンターは細かいタイルが敷かれていて、ちょっとしたバー風になっている。ハンティング帽をかぶった大将の竹内くんは店の雰囲気にぴったりのお洒落な出で立ちでうどんを作っていた。

　『きつねうどん（580円）』と、近頃うどん屋さんたちのあいだで絶賛されている『とり天ぶっかけ（680円）』を注文。たまたまこのとき、カウンターには『桂ちゃん』（64頁）の大将が座っていた。

浦「ほんまにみなさん、すごいさかんに交流してますよねぇ」

別**「『たけうちうどん店』と『讃州』も、ライバルというよりはいっしょに頑張って中津エリアを盛り上げよう！　と情報交換しているみたいです。おもしろいですよね」**

中津の"雌"
竹内くん。
ハンティング帽に
前掛けが
トレードマーク。
ちなみにランチで
出している ふりかけ
(錦松梅)
は、竹内くんの
お父上が家で手作り
している。

　しばらく待ってやってきた『とり天ぶっかけ』は、見るからにのびそうな艶やか麺。

にゅむにゅむっ、にゅるっ、むに〜っ！

浦**「なにこれ!?　ええーっ」**

別**「うわっ、なんでしょうこの麺は！」**

のびるのびる、もうのびのび！　ふっ

その他の人気メニュー

生醤油うどん 580円
下足と舞茸天ぶっかけ 780円
肉おろしぶっかけ 780円

うにのびる麺の、もうさらに一歩上をいく尋常じゃないのび具合なのだ。

浦「ちょっと待って、『きつねうどん』はどうなんやろ?」

のびーっ! イエーイ! あったかい麺ものびまーす!

最初の口あたりは女性的なやわ腰なのに、いざ噛もうとするとのびてのびてなかなか切れない。誘惑しておいてそうそう自分の思い通りになってくれないお姉ちゃんのようである。

別「そのたとえはどうかと思いますが……」

浦「いやはや、このお姉ちゃんは手ごわいっすね、あまりの色気に思わずテンション上がっちゃいました」

別「ほんとうに。**時代の先端を走っているかのような、今まで食べたことのない麺です。**『やとう』とはまったく違うタイプですね」

のびるだけではなく、濃い目のぶっかけダシを麺の表面が黒ずむぐらいがっちりつかんで連れてくる。どうなっているのかよくわからんが、とにかく驚愕としか言いようがない麺だ。ほんのりと赤いとり天も絶妙な味加減で、気づかないうちに丼が空になっていた。

浦「ああ、もうなくなってしまった。悲しい」

別「私としたことが、つい夢中にさせられました」

浦「別府さんはうどんやったらいつでも夢中ですやん。それにしても中津の若き雌雄対決、こりゃ判断できそうにありませんねぇ」

別「好みが分かれそうですが、どっちもすごいレベルの高さです。ほんとうにこれからが楽しみです」

とり天ぶっかけ
680円

たけちゃんとめぐる 大阪その1

釜《かま》ひろ

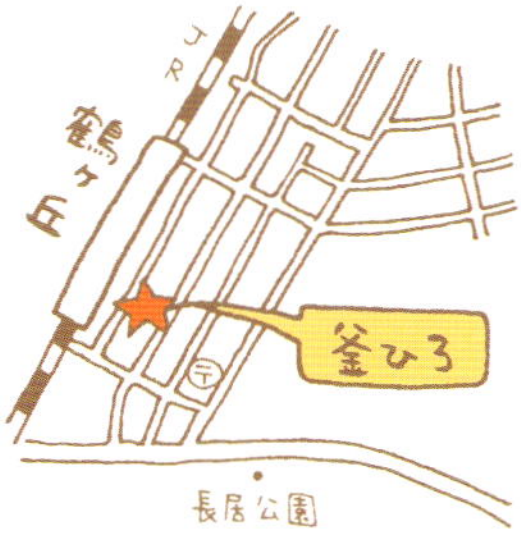

関西のさぬきうどん屋に限って言えば別府さんより顔が広いと思われる**『釜たけうどん』のたけちゃんに、馴染みの店を紹介してもらおう!ツアー**をすることになった。

浦 「たけちゃん、今日はわざわざ車まで出してもらってすんません。よろしくですー」

たけ 「普段から店の定休日には他のうどん屋を食べ歩いてるから、別に気にせんでいいですよ。よろしくお願いします」

別 「さっきたけちゃんと相談して、まずはたけちゃんの一番弟子、ひろちゃんの店に行こうということになりました」

浦 「ひろちゃん、ですか。店の名前は?」

たけ 「『釜ひろ』と言います」

浦 「そのままですがな(笑) わかりやす〜い」

ひろちゃんは『釜たけうどん』のオープン3か月後に研修にやってきた、まさ

讃岐手打ちうどん　釜ひろ

住所	大阪府大阪市東住吉区山坂 5-2-27
電話番号	(06) 6697-6543
営業時間	11:00 〜 14:30、17:00 〜 20:30
定休日	火曜
席数	24 席
駐車場台数	3 台

たけちゃんの一番弟子、ひろちゃん。
ゆえに店名は『釜ひろ』です

しく一番弟子だ。その後1年弱で独立。というか、オープンしたての店に修行に行こうなんてふつう思うか？

ひろ「以前から店長（たけちゃん）のサイトをよく訪問していたんですよ。だから、オープンしたてでも〝よく知っている店〟という感覚だったんです」

浦「なるほど～。たけちゃんのサイトってほんまに有名なんですねぇ」

別「関西のさぬきうどん好きは、ほとんどの人が知っていると思いますよ」

たけ「別府さんのサイトこそ有名ですけどね」

別「いやいや、そんなことはないです」

どうやらこの2人のつきあい、趣味で運営しているサイトがネット上で有名になったのがそもそものはじまりらしい。香川に行ってうどんを食べるときは別府さんのサイト、関西でうどんを食べるときはたけちゃんのサイトと住み分けされているからか、最初からライバル心などない世界なのか、今ではいっしょに新年会の幹事をやるほどの仲の良さである。

別「たけちゃんの店へ研修に来る人は、全員サイトを見てやってきてるんですよ」

浦「ネットが育てた有名店ですね～。取材もサイトを見て、って申し込みが来る

うどん

そうですね？」

たけ「そう、そういうことが多いですね」

そんなこんなでやっと注文。『釜ひろ』の『ちく玉天ぶっかけ（660円）』は、やはり『釜たけ』の味とよく似ている。しっかりしていて艶っぽい麺、天ぷらを乗せる角度。本家とちがって薬味は別添えになっているが、**ひろちゃんの性格を表しているかのような、基本に忠実なちく玉天ぶっかけ**だ。

ちく玉天ぶっかけ
660円

基本に忠実なちく玉天ぶっかけは、ちくわ天の衣具合が絶妙。

たけ「基本に忠実ってそんな（笑）基本なんてあってないようなもんですから」

別「そうそう。麺の量も『釜たけ』ほど多くないですしね。それに、よ〜く観察すると、基本からひと捻りされていることがわかりますよ」

浦「ひと捻り？　うーん、どこかな……」

ひろ「**えっとですね、ちくわ天が、1回捻ってあるんです（笑）**」

えらい細かいところで独創性を出したもんだが、そんな風にして『釜たけ』とは少しずつ違う道を歩みはじめているひろちゃんである。

ひろ「**最近はオリジナルメニューもずいぶん増えたんですよ**」

浦「ほほぅ。たとえばどんな？」

ひろ「『お刺身うどん（250円）』という

その他の人気メニュー
ちく天生醤油 660円
天ぷらぶっかけ 780円
大えび天ざる 1080円

のをはじめました。夜の部の、お酒のアテにいいかなと思って」

浦　「それはめずらしいメニューですね」

ひろ　「でも、単価は安いのに手間ばかりかかって、**忙しいときはできれば注文しないでほしい……**」

浦　「**なんじゃそりゃ（笑）**」

このときは昼の部に訪れていたのだが、そのお刺身うどんを特別に食べさせてもらうことができた。**ピロピロとした口あたりに、イカ刺しっぽい噛みごたえでおもしろい。**忙しいときに注文したら誠実そうなひろちゃんがイライラッとする姿が見られるかもしれませんが、やめてあげてね（笑）

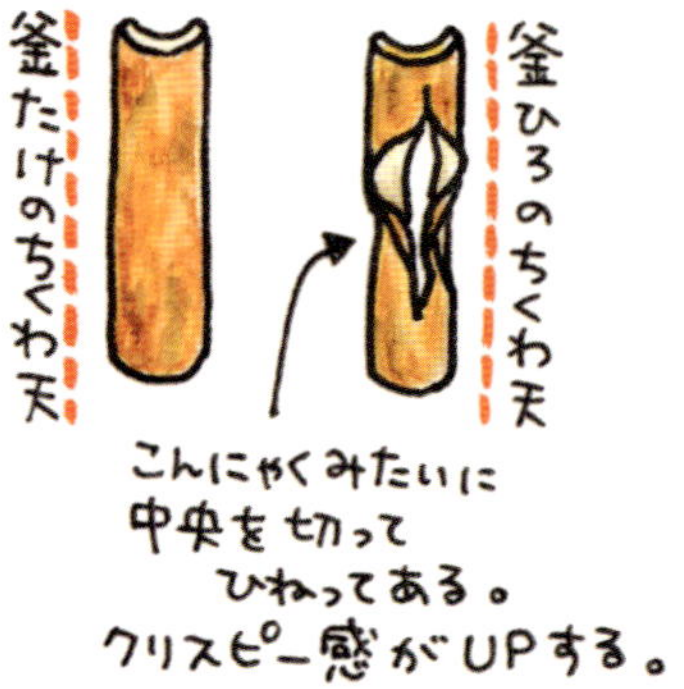

釜ひろのちくわ天
釜たけのちくわ天
こんにゃくみたいに
中央を切って
ひねってある。
クリスピー感がUPする。

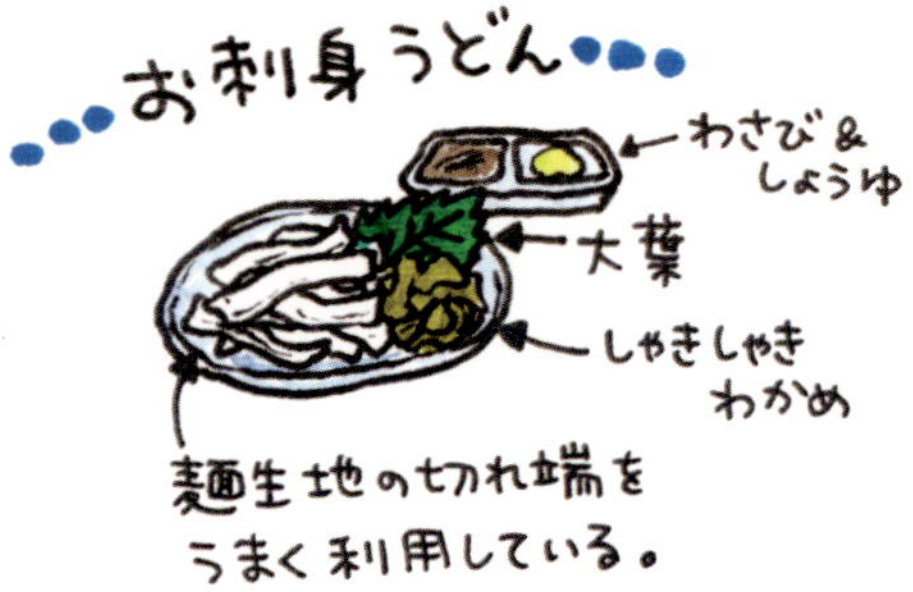

お刺身うどん
わさび＆
しょうゆ
大葉
しゃきしゃき
わかめ
麺生地の切れ端を
うまく利用している。

たけちゃんとめぐる大阪その２

ゆきの

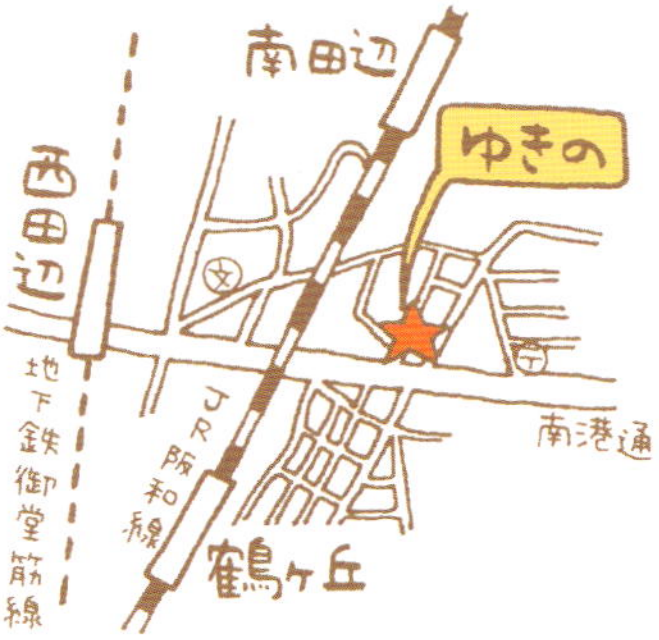

たけ「もう1軒行きましょう。最近移転された**『ゆきの』さんはねぇ、もうとにかくすごいんですから」**

別**「ほんと、『ゆきの』さんはすごいですよね。職人というか」**

浦**「え、なになに？　何がすごいんですか⁇」**

たけ「ご夫婦で経営されていて、移転する前からいつも行列ができていた人気店なんですが、ご主人1人で厨房内のことを全部やっているんです。うどんやてんぷら類はもちろん、丼ものもあるというのに！」

浦「それってすごいことなんですか？」

たけ**「あの忙しさからすると神業に近いですね。**どうやってさばいているのか、想像しただけでも目がまわりそうだ」

別「だから移転されても席数を増やさなかったみたいです」

浦「ええっ、せっかく移転したのに席数を増やさなかったんですか？　もったい

うどん　ゆきの

住　　所	大阪府大阪市東住吉区山坂３丁目 10-14
電話番号	（06）6622-8866
営業時間	11:00 ～ 13:30（LO）、18:00 ～ 20:00（LO） （土・日・祝はお昼のみ）
定 休 日	月曜
席　　数	16 席
駐車場台数	２台

ない」

たけ「厨房も以前とまったく同じ配置です。きっと、ご主人がよどみなく動けるベストの配置なんだと思います」

浦「ん？　じゃあ結局、移転しても何も変わってないですやん」

たけ「以前は西田辺にあったので、場所がずいぶん変わっていますね（笑）　あとは、店が新築でピカピカになった」

午後1時半。行列に並んで麺の売り切れ寸前ギリギリに店にすべりこむと、高級てんぷら専門店のような油のいい匂いが充満していた。**この匂い、ここのてんぷらは絶対うまいに違いない。**『天ぶっかけうどん（700円）』と『釜揚げうどん（500円）』を頼む。

浦「**うっはー！　てんぷらたっぷりでおいしそー!!**　エビ天が丼からはみだしまくってますがな」

別「**麺が丸いですよね**」

浦「ほんまや、さぬきうどんは断面が四角い麺が多いけど、ここのは丸いですね。けっこう太めで透明感も少なめかな」

ズルズルッ、モニッ。うっま～い！　なんか知らんが胃が喜ぶうどんだ!!

見た目からいって喉越しがもう1つかな、と思ったが全然そんなことはなく、すんなり口に入ってくる。麺の太さがまったく気にならない。最初のアタリが柔らかく、中は適度なコシでもっちり。てんぷらは期待どおりサクサクで香り高く、言うことなしである。

てんぷらのうまさを存分に味わうならこのメニュー。匂いだけでノックダウンです。

別「ダシは関西風ですね。ちょっと釜揚げも食べてみてください」

浦「ズルズルッ。あれ？ なんで?? **ぶっかけの冷たい麺と釜揚げの温かい麺がほとんど同じ食感だ！**」

別「ふつうは冷たいのと温かいのは食感が違って当然なんですが、『ゆきの』さんのはびっくりするぐらい似た感じに仕上がっています。ゆで時間の調節だけでここまで合わせられるかな……。このあたりが職人を感じさせますねぇ」

これならおいしいと評判になって当然だな、と素直に思える。全体的に関西人のツボをついた味にまとまっているのだ。

別「別府さん、でもこれ」

浦「あ、やっぱりそう思いました？」

釜揚げうどん
500円

麺は断面が丸く関西風に見えるが、ところがどっこい、しっかりさぬきのコシ。

その他の人気メニュー

かき揚げおろし 730円
きざみうどん 460円
肉うどん 680円

浦「さぬきうどんなんでしょうか」

大将「移転とともに、看板から『讃岐』の文字をはずしました。ブームにのっかるんじゃなくて、地道にうどん屋をやりたかったんです。めざしているのは、大阪の人においしいと思ってもらえる地元に根づいたうどんです」

浦「あちゃ〜、移転前と移転後ではそんな大きなところが変わってたんですね」

営業中は常に忙しいため真剣な表情の大将と奥さんだが、実はにっこりと笑った顔がとっても愛らしいラブリーカップルである。麺が売り切れたのでやっと話を聞くことができた。

浦「実はこれ、さぬきうどんの本なんですけど……どうしましょう」

大将「もともとさぬきから入っていますから、基本的な作り方はさぬきなんですが。載せるかどうかはお任せします。どちらでもいいですよ」

別「メニューは以前と変わってないし、さぬきうどんとしても十分高いレベルなのはまちがいないですね」

浦「むずかしいことはわかりませんが、おいしいから載せましょう〜」

〝たけちゃんに馴染みの店を紹介してもらおう！ツアー〟でまわったのは全部で6軒。大阪市内以外の残り4軒は後編でどうぞ！

香川の匂いを嗅ぎに行く

ふぅふー亭《てい》

香川へ行きたいのに忙しくて行けない、そんなときに重宝します。

別 「**『ふぅふー亭』といえば釜揚げうどんの老舗**なんですが、私のおすすめはざるうどんです。ぶっかけもイケますよ」

浦 「ほぉほぉ」

空堀商店街から少しはずれて、地味な路地を曲がると地味に店がある。風景に馴染んだ〝昔からそこにあるうどん屋〟の佇まい。入り口付近に麺打ち台と麺切り機とレジ、かすかに小麦粉の匂いがする。隅の方には生姜のダンボール箱が積んであって、厨房の中で50代くらいの女の人が2人、家族のようなゆるい空気を醸し出しながら手慣れた感じでうどんを作っていた。

浦 「**うわぁ。店の中がまるごと香川ですやん！**」

別 「そうなんですよ。**気負いのなさというか、雑然とした感じが香川のうどん屋そのものでしょう。**さぬきうどん好きにはたまらない店です。この空気にふれたいがためにやってくる人も多いはずです」

手打ち釜揚げうどん　ふぅふー亭

住　　所	大阪府大阪市天王寺区上本町３丁目 1-2
電話番号	(06) 6762-2862
営業時間	11:00 ～ 18:00 (麺終了次第)
定 休 日	日曜、祝日、第３月曜
席　　数	15 席
駐 車 場	無

浦「釜揚げ、ざる、ぶっかけがおすすめでしたっけ。うーん、どれにしようかな」と言いながら壁に貼ってある手書きのメニューを見てずっこけた。

ざるうどん
大800円 中700円
小600円
なんとも几帳面な並べ方。理由はわからないがオープン当初からなのだとか。

浦「**釜揚げとざるとぶっかけしかないがな！　ええかげんなすすめ方せんとってください（笑）**」

メニューは3種類で、各大（800円）・中（700円）・小（600円）。釜揚げだけファミリーサイズの特大（1500円）がある。一瞬で把握できる、いたってシンプルな構成。これまでメニューが多くて決めるまでに時間のかかる店ばかりに行っていたので、とっても新鮮に感じる。てんぷらもごはんもないのだ。気持ちがいいくらいの潔さである。

釜揚げとざるを注文すると、お茶とおろし金と生姜が3点セットで出てきた。

浦「**ひゃー、このおろし金！　香川度さらにアップですねぇ**」

別「でも生姜の皮がちゃんとむいてあるところが大阪らしい気遣いですね」

浦「あ、ほんまや。さすが別府さん、するどい観察眼（笑）」

釜揚げうどん
特大 大 中 小
1500 800 700 600
ぶっかけうどん
大 中 小
800 700 600
ざるうどん
大 中 小
800 700 600

メニューは以上です。

香川のうどん屋
定番おろし金。
しょうが
アルミ製

しばらく待って出てきた釜揚げうどんは、ちょっと細めで粉を感じるしっかり&もっちり系の麺。ざるうどんは麺が几帳面に一方向に向かって並べてあるのが美しい。つけダシは器の底が見えるくらいの透明度があって、ざるうどんのダシにはうずら卵が入っている。

浦「**もし香川に住んでたら、〝小さい頃からよく食べていた近所のうどん屋の味〟ってこういう感じなんですかね**」

別「**イメージとして言いたいことはわかります。生活に密着した味というか**」

基本的にはご夫婦で切り盛りしているが、ご主人が体調を崩してしまったため最近は奥さんのゆうこさん中心でやっているとのこと。あうんの呼吸で働く身内のような雰囲気のパートさんたちは、案の定みんな10年選手なのだそうだ。「故郷で食べるうどんが食べたい」と香川出身のご主人が言い出したところからはじまった『ふぅふー亭』。最初のコンセプトを恐ろしいほどみごとに具現化し、変えることなく継続している姿はあっぱれとしか言いようがない。

釜揚げうどん
特大1500円
大800円 中700円
小600円

お湯がにごっているのが正真正銘、釜揚げうどんのあかし。

笑顔が
女子学生みたいに
愛らしい
ゆうこさん。

四天王寺の風景とともに

志《し》のん

駅から『志のん』への道のりが縁日っぽくてこれまた楽しい。

聖徳太子が建立した日本最古の官寺、四天王寺の参道へ向かって天王寺駅から谷町筋をてくてく歩く。四天王寺でお大師さんなどの行事がある日には狭い歩道沿いに露店が並んで、**ちょっとした縁日気分が味わえる楽しいエリア。**

浦「しかしほんま、このあたりはいつ来ても人であふれてますねぇ。まっすぐ歩けん」

別「なんとなく別世界ですよね、仏教系のグッズを売っている店がやたらと多かったり」

浦「**これを買って何に使うのか？　というモノがいっぱい見つかる**」

別「**そして、植物の種や苗にはこんなにも需要があったのか？　と目を疑うほど混んでいる、木造の大きな種苗店を過ぎると『志のん』に着きます（笑）**」

香川の丸亀にある『凡蔵《ぼんくら》』で修行したお兄ちゃんと、その弟の２人で切り盛りしている『志のん』。道行く人の平均年

讃岐うどん　志のん

住所	大阪府大阪市天王寺区堀越町 8-15
電話番号	(06) 6772-5888
営業時間	11:00 ～ 15:00、17:00 ～ 19:30 (土・日・祝、毎月 21、22 日 11:00 ～ 16:00)
定休日	木曜
席数	23 席 / お座敷有り
駐車場	無
ホームページ	http://home6.highway.ne.jp/akinai/shinon/shinon_top.htm

齢がとっても高いこの場所で、若い兄弟がうどん屋をはじめたというのがまずおもしろい。

浦「おじいちゃんおばあちゃんたちの間をぬって歩いていると、あったかいうどんの気分になりますねぇ」

別「惑わされてはいけません。『凡蔵』で修行したということですから、冷たい麺のぶっかけか醤油でいきましょう」

浦「ええー、横暴だー！」

そんなわけで『半たま天ぶっかけうどん（580円）』、『醤油うどん（450円）』、『かけうどん（380円）』と3つ

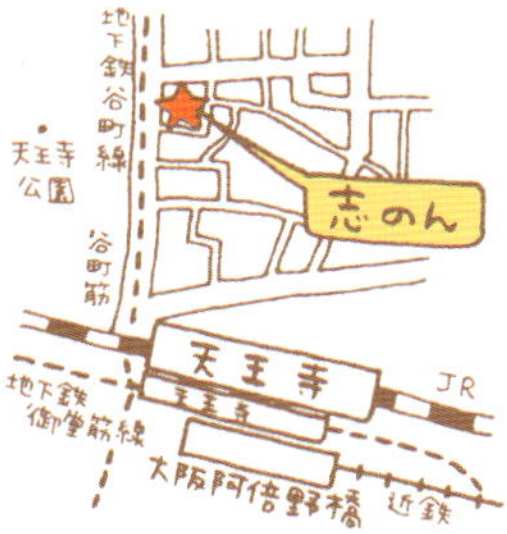

注文することでなんとか決着がついた。**『ぶっかけうどん』と『醤油うどん』には黙っていてもちくわ天が乗ってくる**ので、『半たま天ぶっかけ』は要するに『ちく玉天ぶっかけ』と同じ状態になる。

浦**「ここのちくわ天は丸いままなんですね」**

たけちゃんも絶賛のかけダシは、やさしく染みるおいしさ。

兄弟愛があふれる一杯。

別「切り目を入れてちくわを開いてからてんぷらにする店が多いのはなぜだか知っていますか?」

浦「理由があるんですか」

別「食べてみてどうですか、開いたちくわ天と何か違いませんか?」

浦「このちくわ天はちょっと甘いというか、極端に言うとアメリカンドッグみたいな感じで私は好きです」

別「そのとおりです。ちくわを開かずに丸いままてんぷらにすると、筒状の内部に粉が入り込むので少しスナックっぽくなります。開いて揚げるとちくわそのものの味がより強調されるんです」

ちくわを丸いまま揚げると、こんなに風味が違うのか。

浦「おおっ、正解した! なんかうれしいっす、プロフェッサー!」

別「はい、よかったですね」

冷たい麺は表面がなめらかで、かつ粉

の力を感じるしっかりした食感。ところが『かけうどん』になると、じんわり染みるかけダシにやわらかめの食感の麺が出てくる。

兄「場所柄、お年寄りのお客さんが多いから、やっぱり『きつねうどん』や『てんぷらうどん』が人気です」

別「それで温かいうどんは少しやわらかめに仕上げてあるんですね」

兄「はい。でも、僕個人としては冷たい麺が好きやから、オススメするんやったら冷たい方ですかね」

セルフのおでんが店の中央に置いてあり、『凡蔵』のシンプルなメニューを踏襲した上でオリジナルを加えている。きっちりさぬきうどんらしさを保ちながらも、四天王寺界隈らしい地場感もあるいい具合のバランスで、今日も『志のん』は参拝客でにぎわっているのである。

醤油うどんには醤油がかかった状態で出てくるのでご注意ください。

その他の人気メニュー

肉うどん 780円
カレーうどん 550円
冷やしうどん 480円

お大師さん（毎月21、22日）のときはかなり混みあう。

立派な一枚板ですな。

ほら、かどっこでしょ?（笑）

ほのぼのあったか味

かどっこ

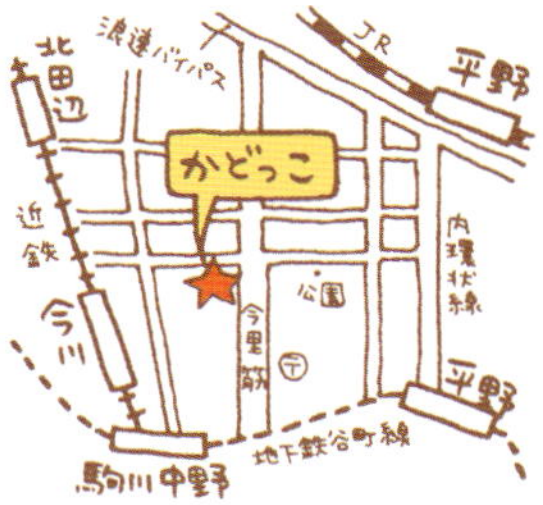

別「これから行く店は『かどっこ』という名前で、大将は香川の丸亀にある『凡蔵』で修行された方です。『志のん』と兄弟弟子になりますね」

浦**「『かどっこ』ですか。それってもしかして……」**

別「ああ、あそこです」

浦**「やっぱり！　路地の角に店がある（笑）」**

　店内は10席ほどのカウンターのみ。非常にシンプルな造りのこぢんまりした店で、おだやかな風貌の大将が迎えてくれる。

浦「なんでしょうか、はじめて来たというのにこのリラックス感は」

別「和みのオーラがありますよね。大将の人柄からですかね?」

　メニューを見ると『讃岐うどん（３００円）』、『湯だめうどん（３５０円）』などと、大阪の一般店の相場からすると１００円

讃岐うどん工房　かどっこ

住所	大阪府大阪市東住吉区今川 4-18-12
電話番号	(06) 6701-8980
営業時間	11:00 ～ 15:00、18:00 ～ 21:00
定休日	日曜
席数	10 席
駐車場	無

ずつくらい安い。**値段までリラックス価格である。**

別「丸亀の『凡蔵』は全国にたくさん系列店というか暖簾分けの店があるんですが、その中でも『かどっこ』さんはメニューが本家にかなり近いですね」

大将「特別なことはせずに、なるべく基本に忠実に『凡蔵』の味を守ろうと思ってやってるんです」

カウンター越しに放出される和みの空気。

ほんとうは値段ももっと本家に近づけたかったそうだが、大阪では残念ながら無理だったらしい。そりゃそうでしょう、今でも十分安いです。

別「『凡蔵』系の麺は冷たい方がおいしいとよく言われますが、本家にないメニューは温かい麺の『釜揚げ』と『釜玉』だけですね。温かいのもイケるのかもしれません。私も頼んだことがないので試してみましょう」

別府さんのアドバイスに従って『ぶっかけうどん（350円）』と、『釜揚げうどん（400円）』を注文する。

浦「**おお!?　ぶっかけにカニかまが乗って出てきましたよ！　ちょっと不思議な見た目やなぁ**」

別「そうそう、こんなところまで忠実なんですよね」

浦「はい？」

大将「『凡蔵』では『醤油うどん（３５０円）』にはちくわ天、『ぶっかけうどん（３５０円）』にはカニかまを乗せて出すんです。別にどちらでもいいんですが、うちはそのまま継承してやってます」

浦「ああ、そうやったんですか。しかしちくわ天はいいとしても、なにゆえカニかま……？」

別「彩りじゃないですかね」

カニかま…？

大将「赤いものがないですから」

浦「なるほど、赤ピーマンよりはカニかまの方が絶対合いますしね（笑）」

別「他に赤いものといえば、ニンジン、トマト、いちご、りんご……う～ん」

浦「だんだん、トッピングにはカニかま以外ありえないような気がしてきた」

そういえば『志のん』は醤油にもぶっかけにもデフォルトでちくわ天が乗って出てくる。『志のん』の大将は「自分がちくわが好きやから」と言っていたが、ひそかに本家の流れを汲んでいたのだ。

大将「『志のん』とはお互い食べに行ったり、食べに来てくれたりして交流して

うどんの白と、赤の対比がなんとなくめでたいカニかまトッピング。

いますが、麺もダシも作り方自体はほとんど同じはずです」

うどんの奥深さはこういうところでわかる。同じ作り方と大将は言うが、食べた印象は『志のん』とかなり違うのだ。系統的には同じなのだろうが、『かどっこ』のうどんは、『志のん』よりさらに田舎麺タイプのホッとする味なのである。店のオーラから勝手に想像していたうどんの味そのものと言ってもいいかもしれない。

別「浦谷さんが想像していた味そのもの、と言われてもねぇ」

浦「ひとりよがりなコメントですんませんな」

別「でも確かに大将の麺は、ちょっと懐かしさを感じるうれしい麺ですね。そのうえ釜揚げがとてもイケる」

浦**「店と大将の人柄とうどんの味が、みごとにトータルコーディネートされておるのです」**

大将の人柄同様、麺がおだやかに語りかけてきます。

釜揚げうどん
400円

その他の人気メニュー
肉うどん 600円
カレーうどん 450円
醤油うどん 350円
※大 100円増

店の2階が麺打ち＆
仕込み場。

散りばめられた
高い美意識

瀬戸香《せとか》

浦「これはもしや、**素揚げバナナ**ではないですか」

別「ほっほー。斬新ですねぇ」

『七彩カレーうどん（1260円）』、値段がはるだけのことはある。見るからにスパイシーそうなスープカレー風のダシにプチトマトやゆで卵、素揚げされたナスなどがトッピングされ、豪華そのもの。しかもごぼうサラダとコーヒーゼリー付。まずはスープ（とよびたくなる）をひとくちすすってみた。

浦「**うはっ、辛いっす！　さらっとしてるんですが、ノドを直撃する辛さですわ。バナナ絶対必要です……**って、聞いてます？　別府さんてば」

別「ぞぞ〜っ、ぞぞ〜っ（別府さんのうどんをすする音。勢いがありすぎていつもこんな音になっている。いつ噛んでいるのかいまだにはっきりしない）。

　はい？　何か言いましたか？　ちょっと待ってください、**これめちゃくちゃお**

うどん亭　瀬戸香

住所	大阪府大阪市阿倍野区阪南町 1-28-7
電話番号	（06）6628-1184
営業時間	11:30 〜 14:30、17:00 〜 20:30
定休日	月曜
席数	17 席
駐車場	無

七彩カレーうどん
1260円
素揚げバナナは前代未聞だ。華やかな色彩が食欲をそそる一品。

いしいんです」

浦「めちゃくちゃおいしいんやったら味見させてくださいよ！」

別府さんが食べているのは『瀬戸香風磯辺うどん（780円）』。冷たいぶっかけに海苔を巻いたちくわ天、わさび味のめかぶ、うずら卵がトッピングされている。こちらも**ビジュアル的に非常に美しい。**

別「あ、そうでしたね。ちぇっ。あとひとくちしかありませんが、どうぞ」

浦「イヤなんかい！　ていうか、あとひとくちしかないいんかいっ！」

まだ麺に手をつけていないカレーうどんをとりあえず別府さんに渡して、磯辺

ぞぞーっ
ぞぞ〜っ
しかも
丼抱え込み。
人間バキュームのごとく、すごい勢いで麺が吸いこまれていく。

うどんをとりあげた。

浦「ほんとにもう、1分目を離したら食べきっちゃうんですから」

ずるずるずるっ。んんっ⁉　ずるずるずるずる〜〜っ

浦「**んがーっ！　ウマー‼**」

別「**ね？　ぞぞ〜っ、ぞぞ〜っ、そのトッピング、ここの麺とダシにめちゃくちゃ合ってますよね。ぞぞ〜っ、ぞぞぞぞ〜っ、絶妙なさじ加減ですよね**」

浦「もっと食べたかったなぁ……って、おいこら、カレーうどんも食べきる気か⁇」

別「あ、まだいりました？　これ」

浦「まだ食べてませんっ‼」

麺は心地よくにゅるにゅるとのびてムチッと切れる洗練系細麺。ダシはほんの少しいりこが入っているが上品にまとめられている。なによりアレンジの仕方に現代的なセンスを感じる今風メニューばかりだ。

大将「うどんにも内装にも、ちょっと品のいい感じを出せたらいいなと思って。脱サラではじめた商売なんです。前はアパレルの会社員をしていました」

浦「アパレルですか。もうなるほど！　って感じですー」

別「確か今年のうどん新年会にいらっ

瀬戸香風
磯辺うどん
780円
わさび味のめかぶのトロトロとなめらかな麺があいまって、たまらん食感。

しゃっていましたよね。あれって、この店をオープンする前ですよね？」

大将「はい、『釜たけ』のたけちゃんによんでいただいて参加したんです」

別「あれ？　たけちゃんのお弟子さんじゃないですよね」

大将「修行らしい修行をしたわけではないんですが、ご好意で『釜ひろ』さんに1か月だけお世話になりました」

浦「ひろちゃんの店ですか！　そしたら言ってみれば、たけちゃんの孫弟子……」

別「でも『釜たけ』『釜ひろ』ラインとは確実に違ううどんで勝負していますね」

大将「ほんの1か月ですから、商売の流れだけ教えていただいた感じです。あとはもう、毎回悩んだり壁にぶつかりながら、自分の感性を信じてやっています」

もともとこの辺りに住んでいて、自宅の近所で店を探したという大将。週2、3回お姉さんが手伝いに入っているのだが、二卵生双生児ぐらいの勢いでよく似ているからすぐわかります（笑）

その他の人気メニュー
野菜天ぷらうどん 680円
半熟玉子天ぷらうどん 680円
カレーうどん 800円

外観もうどん屋に見えないが、内装はさらにうどん屋に見えない。

粋なアレンジうどん

春菜《はるな》

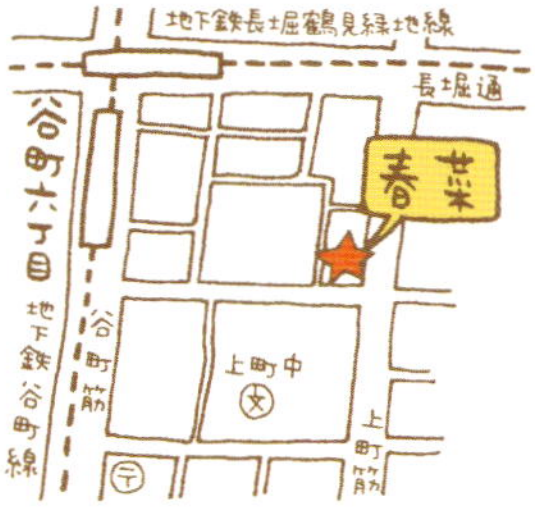

浦「これはまた垢抜けた、ギャラリー風な内装の店ですね」

別「女性誌に載りそうな、うどん屋らしからぬお洒落な店でしょう。でも実は、後編で紹介する門真の人気店『三ツ島更《みつしまさら》科《しな》』で修行された方がうどんを作っているんです」

浦「おや、そうでしたか！　それは楽しみですねぇ」

まず出されたお茶が**ルイボスティー**だった。うどん屋では麦茶とかほうじ茶とか番茶とか日本語名の慣れ親しんだお茶しか出てこないと思っていたので、ものめずらしさにとりあえず飲み干しておかわりをしてみる。

別「貧乏性ですね」

浦「はい、おかげさまで」

別「ルイボスティーって何のお茶でしたっけ」

浦「なんかわからんけど体に良かったよ

店仕込みうどん　饂飩馳走　春菜

住　所	大阪府大阪市中央区上本町西 2-1-11
電話番号	(06) 6764-1181
営業時間	11:30 ～ 14:30 (LO)、17:30 ～ 23:00 (LO)
定休日	火曜
席　数	26 席
駐車場	無
ホームページ	http://udonharuna.com/

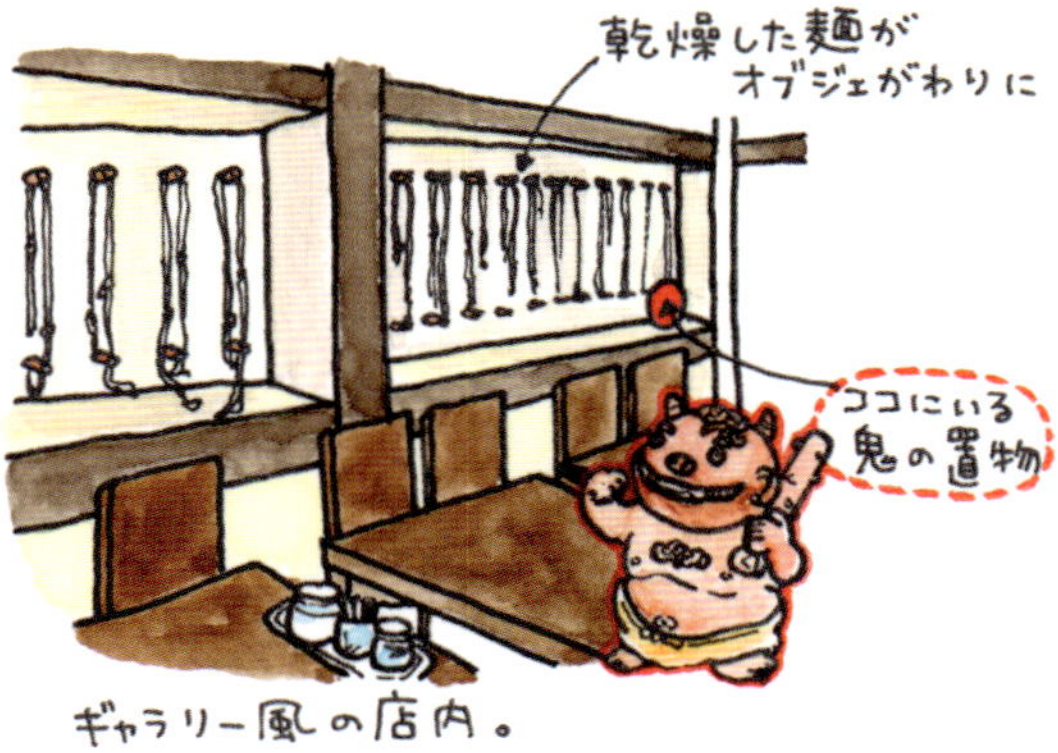
乾燥した麺がオブジェがわりに
ココにいる鬼の置物
ギャラリー風の店内。

うな気がします」

別「じゃあ私もおかわりを」

浦「するんかい！（笑）　別府さんてめちゃくちゃな量食べるのに、妙なところで健康に気を遣ってますよね。おでんはいっつもコンニャクやし」

別「ヘルシーな感じがするでしょ、コンニャク。ローカロリーで」

浦「てんぷらモリモリ食べてたらおんなじちゃいます？」

まぁそんなことはいいとして、メニューを見ると上品な創作系のアレンジうどんが並んでいた。

浦「白味噌ベースのダシに黒豚の角煮とレタスをのせた『白肉饂飩（930円）』やって」

別「おいしそうですね！　『三ツ島更科』の大将も創作メニューが得意ですし、きっとイケますよ」

浦「なんかでも、いたるところに女性っぽい心配りを感じるんですが。お弟子さんって男の人ですよね？」

別「そうなんですけど、この経営者は女性ですから」

だったらお代わりを
こりゃ ルイボスティーですよ！

浦「えっ？」

別「うどんの個人店としては非常にめずらしいです」

『春菜』はルイボスティーのおかわりを持ってきてくれた女将さん、女将の弟さん、『三ツ島更科』で修行したチーフ土佐さんの3人で力を合わせてオープンした店なのだそうだ。実家が寿司屋で、幼い頃から365日中360日はお昼ごはんがうどんだったという女将さん。そのうちダシにもいろいろ凝りだし「うどん屋をやりたい」と思うようになったらしい。

女将「おいしいうどんを作ってくれる土佐さんと、うどん好きの姉弟のコンビネーションでなんとかやってるんですよ」

大きな目をキラキラさせながら話をしてくれた女将さん。

竹輪天生醤油うどん
690円

でっかいちくわは鯛の身入り。
薬味の種類が豊富。

白肉饂飩が残念ながら売り切れていたので『竹輪天生醤油うどん（690円）』と『釜玉ねぎうどん（680円）』を注文。いずれもステキな大ぶりの器に盛りつけられて出てきた。**鯛の身入りの竹輪天は身が厚くてプリプリ**している。女将さんいわく、かきあげと竹輪天が大きく、食べ応えがあっておすすめなのだそうだ。『釜玉ねぎ』はその名のとおり、麺が見えないくらいどっさりとネギが乗った、ネギ味で食べる釜玉うどんである。

別「なめらかにのびる、非常に食べやすい麺ですね」

浦「うん、おいしいですー。今日はちょっとええ店でええもん食べた、っていう得した気になりますね（笑）」

夜の部はおばんざいやうどんをアテにお酒が楽しめる居酒屋メニューに変わる。**遅い時間に開いているうどん屋は数少ないので貴重です。**

釜玉ねぎうどん
680円

必殺ねぎまぶし。「玉」は玉子のことであって、決して玉ねぎではない（笑）

その他の人気メニュー

旬彩海鮮かきあげうどん 880円
ごろごろ野菜カレーうどん 890円
海老天ぶっかけ 940円

釜揚げ道まっしぐら

桂《けい》ちゃん

桂ちゃん「**ぶっかけとか釜たまとかはね、よう作らんのです**」

浦「へ?」

桂ちゃん「今年の新年会でいろんなうどん屋さんとお知り合いになるまでは、**ぶっかけうどんって何? どうやって作るん? と真剣に思ってました**」

浦「うそでしょう!?」

桂ちゃん「いやマジで。他のうどんは知らんかったんですわ（笑）」

叔父さんの店が、後編で紹介する釜揚げうどんの老舗『一忠《いっちゅう》』。**血統的に小さい頃からうどんと言えば釜揚げだった、という恐ろしく稀有な環境で育った桂ちゃん。**ちなみに本名は桂治さん、ヒゲと雰囲気が一見コワイ人みたいだが超フレンドリーな人柄である。

浦「関西で生まれ育ったんやったらふつうは、うどんと言えばきつねうどんですわな。あつ～いおダシにあま～いアゲです」

釜揚げうどん　桂ちゃん

住　所	大阪府大阪市平野区長吉長原東 3 丁目 1-68
電話番号	(06) 6790-1555
営業時間	11:00 ～ 15:00 (麺終了次第)、 17:00 ～ 21:00 (麺終了次第)
定休日	木曜
席　数	22 席
駐車場台数	3 台
ホームページ	http://www.keichan-udon.jp/

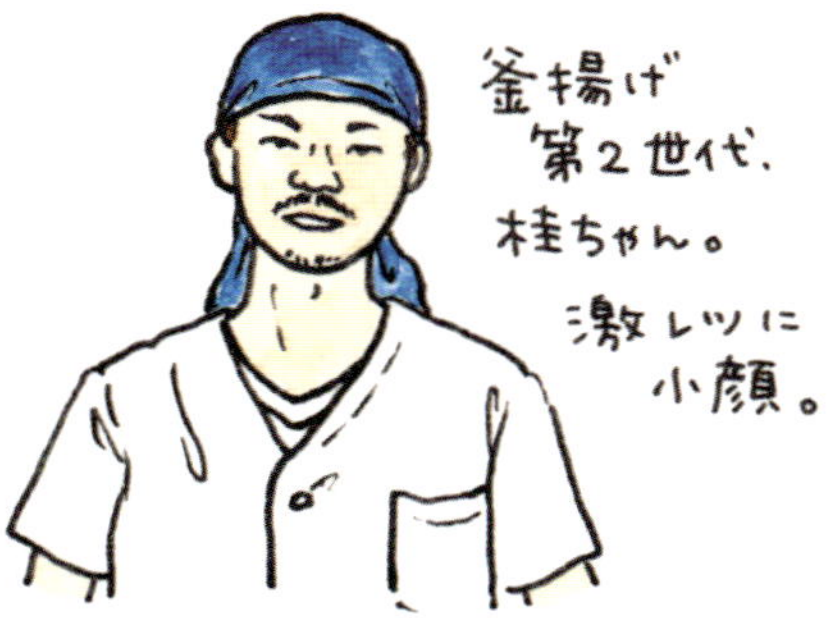
釜揚げ
第2世代、
桂ちゃん。
激レツに
小顔。

別「たしかにそんなイメージは無きにしも非ずですね」

浦「少なくとも私はそうでした。小学校の頃、半ドンの土曜日は吉本新喜劇を見て、お昼ごはんはお好み焼きかたこ焼きか、近所のうどん屋の素うどんでした」

別「きつねと違うじゃないですか（笑）」

浦「今から思えば、面倒を見てくれてたおばあちゃんが微妙にケチってたんですわ。幼い頃の純粋な私は『おアゲさんの乗ってないうどん』とよんでいました。ピンク色で縁取られた薄いかまぼこが2枚、申し訳なさそうに乗っててねぇ。しょっぱい思い出です」

別「やっぱり関西では『素うどん』とよぶのが一般的なんですね」

浦「あ、そうか！　そういえば香川だと『かけうどん』ですね。気づかんかった」

別「もう今は関西でのよび方もごっちゃになっている感がありますから。そういえばこういう法則もありますよ。『いなり寿司』とよんでいる店は『ちらし寿司』、『きつね寿司』とよんでいる店は『バラ寿司』とよぶ傾向が強いんです」

浦「へぇぇぇ、さすがプロフェッサー」

別「それ、久々に言われましたね（笑）」

うどんは釜揚げとざる（夏季限定）のみ。昆布の炊いたんと、かつおの炊いたんがサービスで置いてあって、オリジナルの冷凍うどんがあるところは『一忠』

釜揚げうどん
桂ちゃん

釜揚げうどん専門店は、香川より関西の方が多いらしい。

といっしょだ。由緒正しき系列店なのだが、1つだけ大きく違うところがある。

桂ちゃん **「うちは『豆だぬき』が1玉半、『たぬき』が2玉、『おたぬき』が3玉。いわゆる大・中・小ってな感じです」**

浦 「なんでそんなよび方にしたんですか」

桂ちゃん 「なんかちょっと違う名前にしたたいな～と思って、店を見渡したら入り口にいる信楽焼きのたぬきが目に入って」

浦 「ぶっ。深い意味があるのかと思ったたら、ものっすごい思いつきですやん(笑)」

そんなわけでだれもが気になるあのよび方には、あまり意味はないらしい。

メニューのネーミングに
一役買った たぬき氏
ハーイ

控えめに『豆だぬき（500円）』と夏季限定『ざるうどんの豆だぬき(500円)』、ついでにおにぎり（100円）を注文すると、おもむろに桂ちゃんは打ち台に向かい、麺を切りだした。

別 「他のうどんは作れない、というのは、釜揚げに対して徹底的に自信があるからこその言葉です」

浦 「うん、打ち台の前に立った途端に真剣な渋い顔つきに変わりましたもんね」

別 「実は『一忠』のお弟子さんの店はたくさんあるのですが、その中でも**桂ちゃんはかなり本家からアレンジを加えて自分の味を追求しているようですね**」

浦 「関西で釜揚げうどん文化を切り開いた『一忠』の影響をモロに受けて育った第2世代『桂ちゃん』のうどんかぁ。バックグラウンドの話だけでおかずになりますね」

別「どっちの店もトッピング類がないですから、エピソードがてんぷら代わりということで（笑）」

などと話しているうちにうどんがやってきた。まずはつけダシに口をつける。

浦**「むほほほ！　こりゃこりゃ。めっちゃストイックでたまらん旨さです～」**

ネーミングに反してキリッと力強い、ストイックなつけダシ。

別**「余分なものをすべてそぎ落とした試合前のボクサーみたいですよね、このつけダシ」**

ギリギリまで甘さを控えた、胃にガツンとくるパンチ力。土地柄もあって甘めの味つけが多い関西でこの味が出せてしまうところが、釜揚げで育った第2世代の底力かもしれん。麺も、釜揚げの場合は食べているうちにぼってり粉っぽくなりがちだが、1本筋が通った潔さが最後まで残っている。

その場で手切りされた麺はピッチピチ。

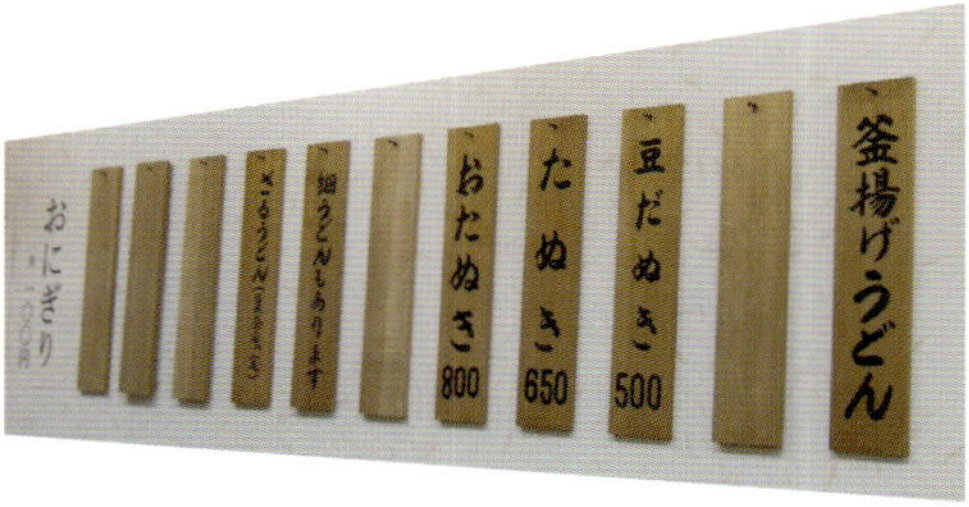

超シンプルなメニュー構成。最近、夜限定で鴨汁が加わった。

桂ちゃん「つけダシを徳利に人数分より多めに入れてお客さんに出すんですけどね、全部飲みきって帰る人がちょくちょくいてはるんですわ」

浦「この徳利のダシを全部!? それはさすがに塩分取りすぎですよ、体に悪い！」

別「そのツッコミ、何か違うと思いますけど」

全部飲んだら絶対塩分取りすぎです、注意してください（笑）。

ざるは細うどんで、こちらももれなくストイックなダシがよく似合うしっかり者。おにぎりは握りたて。メニューすべてが完璧なる仕上がりの、まちがいなく〝専門店〟である。

店で麺をパッキングする自家製冷凍うどん。1玉130円。

チェーン展開の
チャレンジ精神

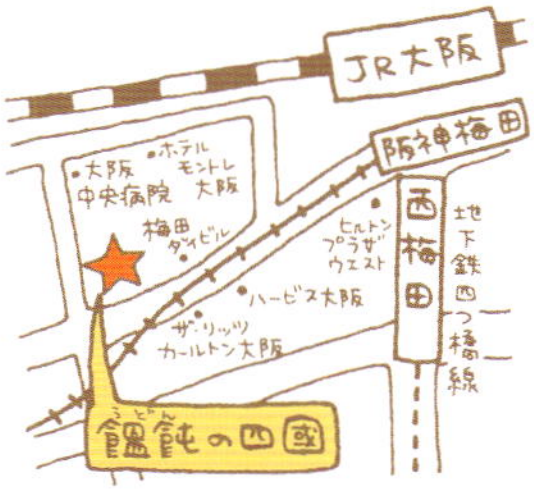

饂飩《うどん》の四國《しこく》

西梅田店

この本を作る発端となった、うどん新年会の会場『饂飩の四國　西梅田店』は、その後他のうどん屋をまわってみて思うのだが、かなり変わったうどん屋である。

① うまいうどんを出すのにお洒落すぎる内装だ。

② チェーン展開しているというのにたまに変なメニューを出す。

③ ここの鶏、下手したらうどんよりうまいかもしれん。

浦 「では①から順にご説明しましょう。〝チェーン展開しているお洒落なうどん居酒屋〟と聞くとついついナメてかかってしまいますが、**私はここの『ひやひや（460円）』を食べて仰天しました**」

別 「浦谷さんがナメてかかってたんじゃないですか（笑）」

浦 「**だって、関西で10店舗も出店してるのに、あんなはっきりとしたいりこダシが出てくると思いませんやん**」

饂飩の四國　西梅田店

住所	大阪府大阪市北区梅田 3 丁目 3-20
電話番号	(06) 4795-8080
営業時間	11:00 ～ 22:30（LO21:45） (日・祝～ 22:00（LO21:00))
定休日	無
席数	64 席 / お座敷有り
駐車場	無
ホームページ	http://www.udonnoshikoku.com/

どっしぇー!!
口の中で
いりこがダンス中
ムーディな照明の中で食べる
仰天のいりこダシ。

別「なのに軽やかなんですよね、あのいりこダシ」

浦「そうそう。ごくごく飲める」

別「ギュッとしまってて気合の入った麺とぴったりくるというか」

浦**「あの味のレベルを保ってお洒落にチェーン展開って、想像できないんですけど」**

別「②は、イオン大日店の『酢醤油うどん』なんて筆頭でしょうね」

浦**「うどんに酢醤油をかけてお召し上がりください、って関西ではびっくりでしょう!」**

別「実はもう1軒、神戸でも出している店を確認しているんですが、イオンの中という立地でちょっとそれは……（笑）香川の『谷川米穀店』風でマニア受けはいいでしょうけど」

浦「ずらっと並ぶ創作メニューをじっくり読んでいくと、これはやりすぎちゃうか？　というやつがたま～にあって笑えます」

別「①も②も道下さんの仕業というしかないでしょうね」

浦「飲むのが大好きな自称・会社人間の道下本部長ですか」

別「企業としてうどん屋をやっていると言いながら、話を聞けば聞くほど職人タイプの人なんですよね。10店舗のレベルを保っているのも道下さんの努力の賜物

居酒屋メニューが豊富。もちろんうどんだけの注文でもOK。

ですし。変なメニュー出したり、お洒落すぎる内装にしてみたりするチャレンジャーぶりも結局は道下さんの趣味だし」

浦「会社人間だと思っているのはきっと本人だけですよね（笑）」

こんなおもしろい人が本部長をやっている会社だから、このうどんが出せるのだ。直接道下さんが麺を打つことはほとんどないらしいが、個人店の大将たちが作るうどんと同じで「うどんの味は粉や水ではなく、人が作る」と改めて思わされる。

浦**「で、③はですね、そのまんまです」**

別「う～ん、反論できないかも……」

ひやひや　460円
ちくわ天　100円

透明感が美しいいりこダシは、軽やかでごくごく飲める。

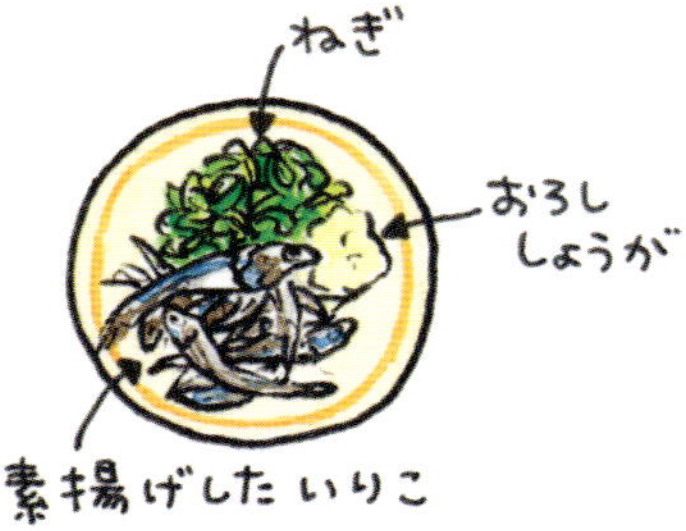
ねぎ
おろし しょうが
素揚げしたいりこ

お酒を頼むと出てくるアテ。ひそかにおかわり自由。

その他の人気メニュー

ひやあつ定食 690円
納豆釜玉 640円
生醤油 560円

別府さんの軌跡

麺通団京都支部長・別Pとよばれて

麺通団とは……あまりにも有名なさぬきうどんめぐりバイブル『恐るべきさぬきうどん』シリーズをまとめた田尾和俊団長が率いる〝さぬきうどんブームの火付け役〟。

浦「前々から気になってたんですけど、別府さんがうどんめぐりをはじめたキッカケって何やったんですか」

別「たまたまテレビでさぬきうどん特集をしているのを見て、おもしろそうだなと思って」

浦「そんな、ふつうすぎますやん！」

別「私はふつうですから」

　そういうわけで、キッカケはありふれているがもともとの性質がマニアックだったせいで、さぬきうどんに人生を売ってしまった青年のお話である。

　さぬきうどんめぐりをしているうちに、香川ではタウン誌がめっちゃ盛り上がっていることを知った別府さん。そこで、あるタウン誌の『ゲリラうどん通ごっこ』という穴場うどん屋探訪のコーナーに「公共交通機関だけを使ってうどん屋に行っています」と投稿してみたのがそもそものはじまり。

　それこそ当時、編集長を経て社長に就任していた田尾団長が連載していたものだった。10年ほど前のことである。

　電車の使える地域が少ないうえに、バス路線まで少ない香川においては、ただでさえ不便な立地にある穴場うどん屋を車以外でめぐるなど考えられない。そんな団長および香川県民の日常に、京都の某有名国立大学に通っているという青年（別府さん）の試みは激震を走らせた。

「なんのためにこんな無意味なことを！」

「某有名国立大学生のくせにアホすぎておもろいな」

『赤坂』といううどん屋に行ったとき、つい終電を逃して帰れなくなり、うどんを踏む板の間に布団を敷いて泊めてもらった……なんていうエピソードも、別府逸話として残っている。

　そんなこんなで別府さんは田尾団長に気に入られ、麺通団員として勝手に任命、もとい迎え入れられたのだった。

別府さん個人としては、変わったことをしてやろうと目論んでいたわけではなく（ちょっとだけ狙っていたかもしれんが）、もともと鉄道マニアでバスマニアだったものにさぬきうどんめぐりをプラスしただけである。これをマニアのハイブリッド化とよび、なぜか関西のうどんマニアにはハイブリッダーが多い。

別「マニアのハイブリッド化とかハイブリッダーってはじめて聞いたんですけど」

浦「私が作りましたから」

　麺通団員になってからというもの、京都在住だというのにタウン誌がうどん特集をするときには取材に借り出され、さらに頻繁に香川へ通うようになる。

別「うどん屋へ行くとだいたい、取材用に1杯食べたあと自腹で1〜2杯食べます」

浦「はぁ？　なんで？」

別「趣味ですから」

　香川のうどん屋をほとんど制覇してしまうと、研究者としての性か、たまりにたまったデータを整理しないと気が済まなくなった。そこで各うどん屋の営業時間やら定休日やらメニューやら、その他もろもろのデータをパソコンで管理してシステム化する。せっかくなのでサイトを作成してインターネットでデータ公開していたら、さぬきうどん関連の情報がどんどん集まってくるようになった。

別「今では香川でうどん本を作るときには、データ関連の確認が私に来るようになってしまいました」

浦「地元の出版社が本作るのに、京都に住んでる別府さんのとこへデータ確認ですか！（笑）」

　だれよりも正確なさぬきうどん情報が集まり、整理されている〝麺通団のデータベース〟。それが別府さんである。

別「別Pだということがバレると『どうやったら麺通団に入れるんですか』って聞かれるんですよね」

浦「う〜ん、どうやったらと言われてもねぇ」

別「田尾団長がいじりやすいキャラの人が入れるようです、と答えています（笑）」

泊めてもらって
からというもの、
『赤坂』は
第2の実家。
ふみふみ
ふみふみ
しょっちゅう　うどん踏んでます。

天かすが
おいしい店は
ポイント高いっす

神戸市内

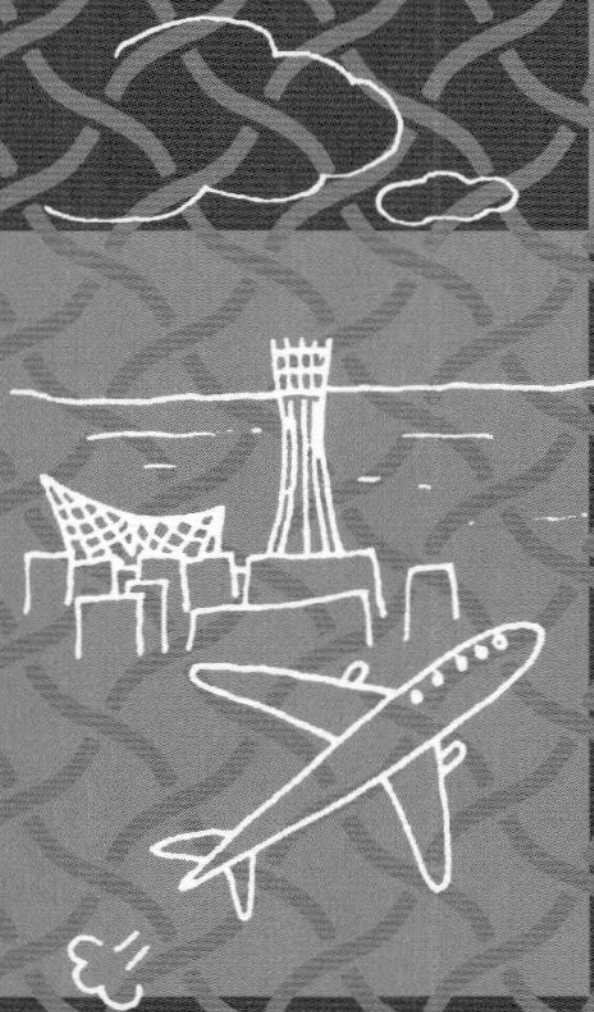

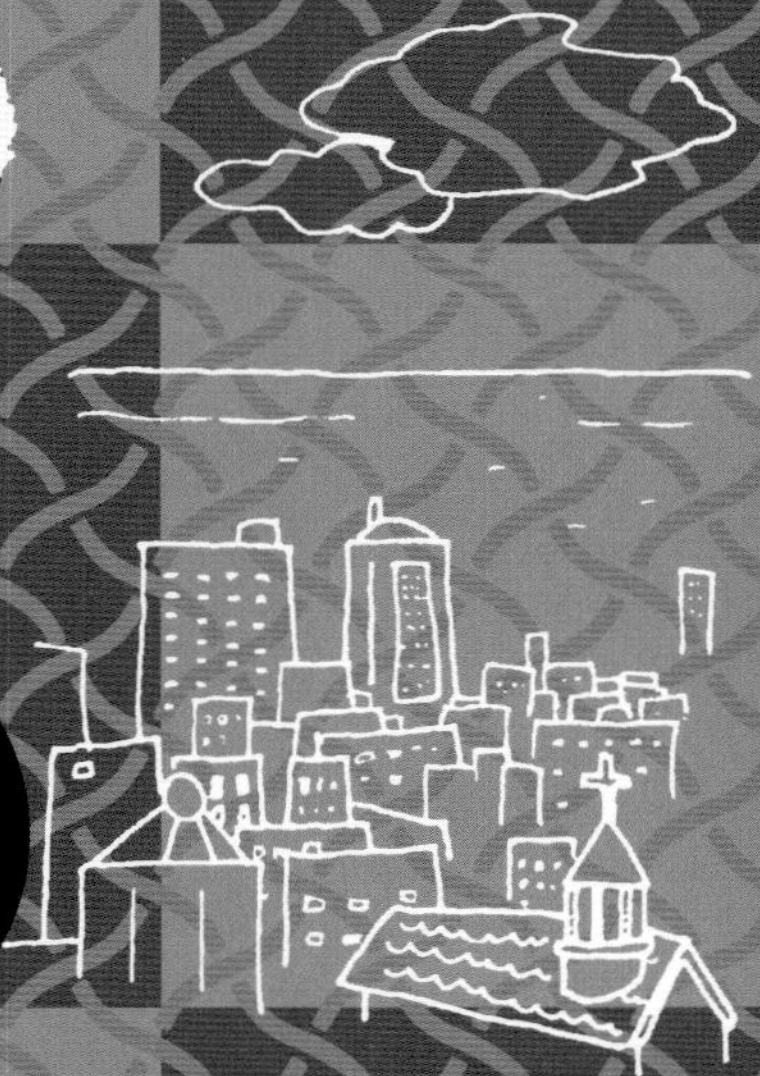

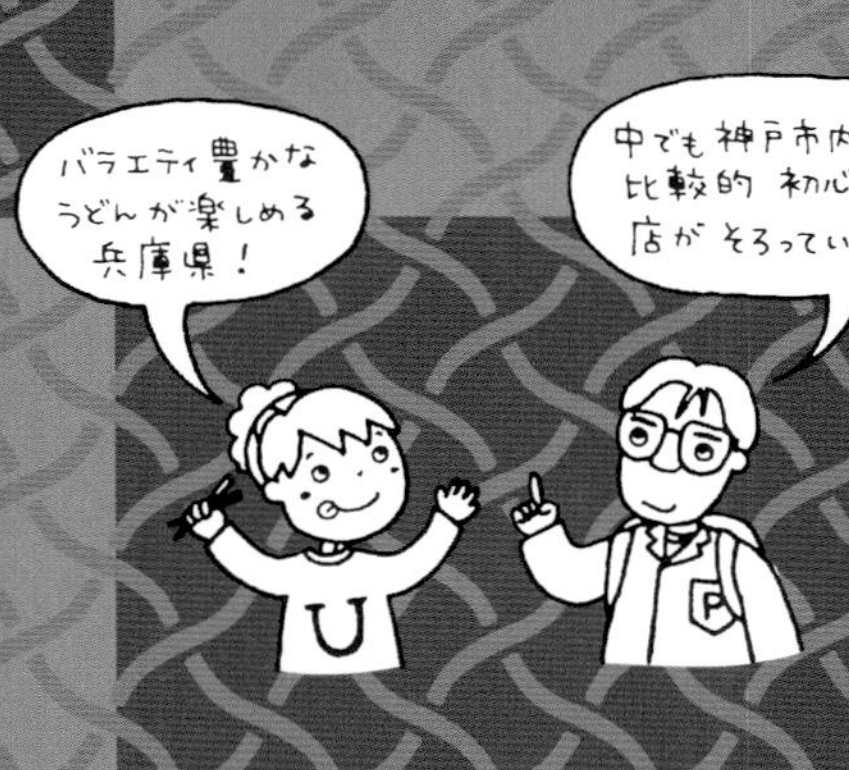
バラエティ豊かな
うどんが楽しめる
兵庫県！
中でも神戸市内は
比較的 初心者向けの
店が そろっています

別「兵庫は神戸市以外や辺鄙な場所にも、驚くほどいっぱいおいしい店があるんですよ」

浦「ある意味、**関西で一番さぬきうどんが栄えている県**ってことですか」

別「そう言ってもいいかもしれません。軒数で言えば大阪の方が多いんですが、**味のバラエティは兵庫が一番豊かですし**」

浦「味のバラエティ？」

別「麺もダシも店によってかなり違いがあっておもしろいんです。いりこダシへの拒否反応も大阪より少ないみたいだし、うどんに対する懐の深さは関西で一番香川に近い感じがします」

浦「さぬきうどんを受け入れやすい土壌ということですか」

別「海が近いからかな」

浦「なるほど！　いかなごの釘煮とか、小魚系が得意なイメージありますもんね」

別「あ、今思いついただけなので感心しないでください（笑）」

三宮の名店

すずめ

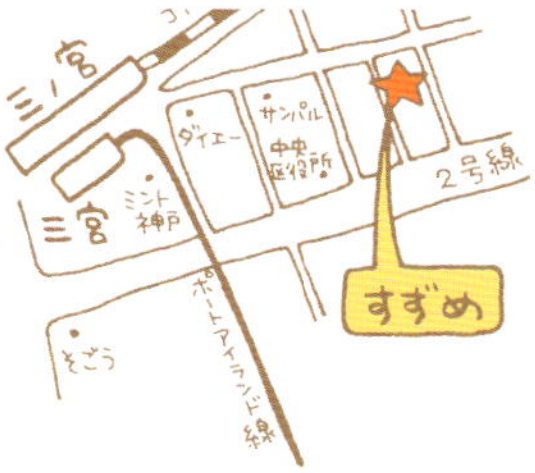

別「とりあえずは都心部から攻めていきましょう。三宮といえば、なんといっても『すずめ』です」

6年間香川の『山田家《やまだや》』で修行した大将が、ほとんど同じメニューでオープンした『すずめ』。別府さんが知る限りでは三宮で最初にできたさぬきうどんの店だという。当時マニアたちの間で話題になり、みんなこぞって出掛けたのだそうだ。三宮駅から徒歩5分と距離は近いのだが、繁華街と逆の東方向へ向かうので人通りは意外と少ないエリア。なのに昼も夜も常にお客さんでいっぱいである。実は昼に行ったときは麺切れで振られたので、今回2度目、夜の部がはじまったばかりの時間帯を狙ってやってきたのだった。

別「**オープンから6年ほど経ちますが、もう名店と言ってもいいでしょう。神戸でさぬきうどんを広めた店ですから**」

大将は高校時代にうどん屋でバイト

讃岐麺房　すずめ

住所　兵庫県神戸市中央区雲井通4丁目1-23
電話番号　(078) 251-1319
営業時間　11:00～14:00 (LO) (麺終了次第)、17:00～20:00 (LO) (麺終了次第)
定休日　土曜
席数　28席
駐車場　無

をしていて、その後就職したりフレンチのシェフをしていた頃もあったのだが、ずっとうどんが打ちたくて仕方がなかったから香川へ行ったという筋金入りのうどん好きだ。

大将「香川で修行中に結婚して、あまりの居心地の良さに6年間もおったんですけど、地元の神戸でもさぬきうどんのおいしさをわかってほしいなぁと思って」

名店という別府さんの評価と、楽しそうにうどんの話をするまだ30代の大将とは少しギャップがある。変に肩に力が入っていないから、うまく神戸でも溶け込めたのかもしれない。

『釜あげうどん（480円）』と『ぶっかけうどん（550円）』を頼んで、**セルフのおでん（各100円）を食べながら待つ。香川によくあるシステムと同じで、取った個数は後で自己申告。ちなみに一般店だというのに『かけうどん』はなんと280円である。**

浦「うはは、お先に失礼しまっす。ずずずっ、ずっ、ほっほ〜ぉ！」

別「もごっ、やられた！」

別府さんが口いっぱいに頬張ったおでんのコンニャクを急いで咀嚼している隙を狙って、素早く、かつ勢いよくすすり

なんというかもう、
達成された名店の味なのだ。

人通りはそれほど多くないのに、ここだけ行列ができている。

ぶっかけ
550円

『ぶっかけ天ぷら(880円)』などのてんぷら系メニューは、昼1時以降のみ注文可能。

上げる。大将と話しているうちに、もう食べたくて食べたくてどうしようもなくなっていたのだ。

浦「ふむ〜、これは、やっぱり別府さんが名店というだけありますな。ずずっずーっ」

非常にこなれた味。いろんなところが丸い、と言う表現が一番しっくりくる。でもそれだとよくわからんので、あえて言うなら、**麺もダシも幅5センチの平均台を渡っているかのごとくバランスがいいのだ。**いい意味でどこも突出した部分がない。好みに関係なく、きっとだれが食べてもおいしいうどんなのだと思う。

別「そうそう出せる味ではありませんよね」

浦「試行錯誤しながらこの味にたどり着いた、という達成された感じがします。ずるずずーっ」

別「それはいいから早くうどんを渡してください」

浦「ほら、まだお皿の上にコンニャク残ってますよ、別府さん」

その他の人気メニュー
かけうどん 280円
わかめうどん 480円
生醤油うどん 500円

どんどんいける生じょうゆ

民藝《みんげい》

元町駅近く。数か月前のオープン当初から評判になっている『民藝』にやってきた。

別「この週末、香川へうどんを食べに行ってたんですが」

浦「別府さん毎月のように行ってるじゃないですか、何をいまさら」

別「いや、ちょっとショッキングな出来事がありまして」

浦「どうしたんですか？」

別「ここのところ根を詰めて、浦谷さんと関西のうどん屋さんばかりめぐっていたでしょう？　そしたら」

浦「そしたら？」

別「なんと」

浦「なんと？？」

別**「今回、香川のうどんが物足りなく感じてしまったのです……」**

天ぶっかけ
850円

目にした瞬間においしいとわかってしまう、この美しき麺。

浦 **「うっひゃー！　それは衝撃の告白!!」**

別 「そう感じてしまう自分に自分でも驚きました。もちろん一部のハイレベル店にはなかなか勝てませんが、中ランクに位置する香川の店に行くんだったら関西で食べる方が、満足度が高いと思えてしまったんです」

浦 「その発言、けっこう危険ではないですか……？」

別 「はい、いろんな人から裏切り者よばわりされそうです（笑）」

浦 「麺通団京都支部長として、香川にいる団長から叱られませんか」

別 「田尾団長にはすでに『関西に毒されて』とのコメントを頂戴しました（笑）」

浦 「わはは」

別 「香川に行って食べるうどんは、やはり特別です。風景や空気や、さぬき弁や、それら諸々といっしょに味わいますからね。関西では得られないおいしさがあります。私が言いたかったのは、うどんそのものだけに限定するならば、関西のさぬきうどんはそれほどレベルが高くなっているということです」

浦 「ふむ、みごとにまとまりました」

別 「敵は作りたくないですから（笑）」

別府さんの勇気ある発言を裏づけるかのような、滑らかでツヤツヤと輝くねじれのない麺が美しく盛りつけされた『生じょうゆうどん（600円）』は、**運ばれてきた瞬間においしいとわかってしまった。**

別 「すごいですね浦谷さん！　なんで食

自家製麺　純生讃岐うどん　民藝

住所	兵庫県神戸市中央区元町通 1-14-3
電話番号	(078) 392-1611
営業時間	11:30 ～ 15:00、17:00 ～ 20:00
定休日	月曜
席数	14 席
駐車場	無

一躍 注目店に
踊り出た。
『民藝』の大将。
たけちゃんに カラむきスプーンを
プレゼントされ、ちく玉天ぶっかけ
をメニュー化しました。

べる前からそんなことわかるんですか」

浦「すいませんでした。ことばのアヤです」

別「このうどんがおいしくないはずがないでしょう」

浦「どっちなんすか！」

見た目はそう、大阪でよく出会った街中洗練麺に近い。実際に食べてみると、表面はやわらかくモッチリ、少し細めで喉ごしがよく、歯応えはしっかりとしている。生じょうゆでシンプルに食べるのがたまらなくおいしい麺である。

別**「これはどんどんイケてしまいますね。喉で食べられるうどんです」**

浦「別府さんみたいな人のために2玉まで同じ値段みたいっすよ。よかったですね」

ダシは関西風にかつおと昆布、うるめ、さば、めじかや本枯節《ほんかれぶし》を使って、馴染みやすい味つけ。ぶっかけ系やかけうどんもハズレがなく、上品にまとめてある。

別「ごはんものや定食も充実してますし、しょっちゅう通いたくなる店ですね。評判がいいのも当然でしょう」

浦「そうそう、大将の甘いマスクも必見です（笑）」

ohiakhoa
ZAKKA CAFE
民

元町駅近くなのに意外と見落としがちな場所。店を探して迷った人多数。

その他の人気メニュー

カレーうどん 700円
天生じょうゆ 1100円
天釜 1050円
※2玉まで同料金

けっこうわかりにくい立地。しばらく行っていないとたぶん迷う。

名物おばちゃんに会いたい

ときわ

別「今日は会えるかなぁ」

浦「だれにですか」

別「**82歳になる名物おばちゃん**がいる店なんですが、最近店にあまりいないという情報もありまして」

浦「おおっ、うどん屋のおばちゃんというと何よりのスパイスですからね！ それはなんとしても会いたいっす！」

三宮と元町のあいだ、路地を入ったところにある『ときわ』。食事時をはずれた3時頃、厨房に82歳らしき人はいなかった。ちょっとガッカリしながら席につくと、隣のテーブルに座っていたおばあさんがいきなり話しかけてくる。

おばあさん「あんたら何頼む？ おいしいでぇ。この店のダシはちょっと違うんや。羅臼の昆布とかつおでとっとってな、そらもう最高や」

浦「へぇ〜。どれがおいしいですか？」

おばあさん「なんでもおいしいがな。釜天

手打ちうどん　ときわ

住所	兵庫県神戸市中央区北長狭通 2-4-7
電話番号	(078) 391-2729
営業時間	11:30 〜 20:30（祝〜 16：00）
定休日	日曜
席数	20 席
駐車場	無

な、『釜揚げ天ぷらうどん（1200円）』なんか抜群やでぇ。えび天にはしっかり身が入ってるしな。あ、ほら、『和風焼きうどん（950円）』は変わってるやろ？　和風ダシで味つけしたやつがあんかけになっとってな、おいしいでぇ」

最初はただの常連客かと思ったが、**すすめ具合がくわしすぎるうえ、なにやらおばあさんからはおかきの匂いが漂ってくる。**よく見たらテーブルの上におかきの入った缶と伝票、えんぴつが置いて

うれしぃなぁ！
おおきに！
←ちょっと
チャイナ風(?)

めっちゃ元気な名物おばちゃん.
平田佳子《よしこ》さん。

釜揚げ
天ぷらうどん
1200円

おばちゃんイチオシの釜天。えび天はしっぽまで食べた方がいいらしい。

あった。うむ、どうやらこの人が名物おばちゃんらしい。別府さんを見たらニヤリと笑ったので確実である。少し足を悪くされているので、席が空いているときは座っているのだろう。

和風ダシのあんかけが、平たい麺とよくからむ。

おばちゃん「おばちゃんなぁ、足悪いんやけどな。その代わり口だけは達者やでぇ。ところであんたらどこから来たん」

浦「大阪と、京都です」

おばちゃん「そら遠いとこから、うれしいなぁ！　おおきに」

　おばちゃんは私たちがいるあいだに「うれしいなぁ！」と「おおきに」を各10回は口にしていた。このかわいい口グセを、ほんまにうれしそうに繰り返すのだ。

別「こっちまで元気になりますよね。うどんがぐんぐんおいしくなる」

浦「**この店の一番のオススメは、うどんを差し置いてまちがいなくおばちゃんです**」

　もっちりした平たい麺、ダシの味わいは関西風。けっこうさぬき度は低くなっているのだが、それもそのはず、今の大将（おばちゃんの息子さん）が店をはじめたのは昭和51年なのだそうだ。

大将「この場所に昭和43年から『ときわ』いう屋号のうどん店があって、そこでおばあちゃんがバイトしてたんです。その縁で僕も働かせてもらって、跡を継いだ形ではじめたんですわ」

浦「そんな古くから！　あれ？　そしたら『すずめ』より古いじゃないですか、別府さん」

別「**古くからある店は、さぬきを前面に出さずに手打ちうどんと言って営業してることが多いんです。そして関西人の口に合うようアレンジしてある。『ときわ』もそうですね**」

浦「ああ、なるほど」

大将「僕は前の大将に麺の打ち方を教えてもろたんやけど、製法はさぬきですよ」

浦「**なにより、キュートなおばちゃんの存在がさぬきらしさ満点です**」

別府さん直伝・釜あげうどんの食べ方
こう ズルズルッと ひっぱるように
手早くやらないと 麺が丼に戻って 汚い感じになるんで
サッ サッ
うどんの丼から麺を2〜3本箸で取り、持ち上げずにつけダシの器に平行移動させる。手打ち麺は長い場合が多いので、持ち上げると困ったことになります。

その他の人気メニュー

ミックスうどん 850円
焼きうどん 850円
冷しぶっかけうどん 800円

サラリーマンの強い味方。
まいたけごはんもウマイ。

たらふく食べてください

讃松庵《さんしょうあん》

別「**なんと『釜たけうどん』より量が多いんですよ**」

浦「はい!?　たけちゃんところって、確か400~500gありましたよね」

別「たけちゃんが食べに来て、お腹がいっぱいになったと言っていました」

浦「それはかなりのもんですね（笑）」

地下鉄海岸線に乗って中央市場前で降りる。昆布商店や業務用食材店、もやしの卸などが軒を並べているところを、ちょろちょろひやかしながら店へ向かった。

浦「楽しいなぁ。市場ってなんでこう、心ひかれるんですかね」

別「食に対する興味や欲求は、人間が持つ素晴らしい能力の1つです。あ、ついでにナンプラー買ってもいいですか」

浦「別府さんて、しょっちゅう通りがかりに調味料とか天かすとか買いますよね。人間が持つ素晴らしい能力に秀でていらっしゃる」

讃岐うどん　讃松庵

住所	兵庫県神戸市兵庫区切戸町 6-18
電話番号	(078) 672-1154
営業時間	11:30 ～ 17:30
定休日	日曜、月曜
席数	29 席
駐車場	無 (近隣にコインパーキングあり)

しょうゆうどん 580円

どうせやったらこのくらい食べんとね。満足満足。

別「最近食欲が落ちてきているので、スパイシーなタイ料理でも作ろうかと思って」

浦「無理やり元のレベルに戻そうとせんでもええんとちゃいますか」

オープン6年目、昔ながらの食堂風でいい具合に使い込んだ感じの店内。混みあった中、かっぽう着の奥さんがてきぱきと席を用意してくれた。

別「ここは『しょうゆうどん（580円）』の大盛りを頼んで浦谷さんをびっくりさせたいところですが、なにぶん食欲が落ちているので食べきる自信がありません。ふつう盛りにしましょう」

浦「別府さんをそこまで言わしめるとは！」

別「今回紹介する店の中では最強です」

一般店では大ぶりの鉢を器にして出す店がけっこうあるのだが、だいたい底の方に薄っぺらく上品に麺が盛られているものだ。**それがここの『しょうゆうどん』ときたら、ドッカリたっぷり、器を買ったら思いのほか大きかったんでそれにあわせて盛りました！　と言わんばかりに麺が入っているのだった。**変わり種メニューだからという理由でいっしょに頼んだ『カツカレーうどん（900円）』

大盛りはたったの110円アップ。
ひえぇ～
ドッカリ

その他の人気メニュー
天ざるうどん 980円
えび天地鶏カレーうどん 950円
天ぷらぶっかけ 780円

は、**じゅうぶん顔が洗えるくらいの表面積を誇る特大サイズの丼**である。

浦「すげー!!　軽く500gはありますね」

別「大盛りになると壮観ですよ」

浦「大将、大盛りだとどれくらいの量になるんですか?」

大将「どれくらいかなぁ。わし手が大きいんですわ。この手でガバッと持ち上げて2〜3回、器からはみ出るくらいやね」

この大きな手でガバッとつかむんですわ
食品会社で企画開発をしていたという大将。新メニューの開発はお手のものです。

浦「またええ加減な（笑）」

大将「ま、ふつうの人はよう食べへんねぇ」

ふつう盛りでも一見、平らげるのは厳しそうに思われたのだが、ひとくちすすって気持ちが変わった。みずみずしく適度な歯応えと粘りのある麺。太めなのに口の中でモソモソしない。この麺なら大丈夫！　食べられちゃいます!!

浦**「ぷっは〜、こりゃこりゃ。麺だけでおなかいっぱいにしても心地良いうどんですな」**

別「失敗した！　思ったより浦谷さんに食べられてしまいました。大盛りにしとけばよかった」

浦「悪かったっすねぇ」

カツカレーうどん
900円

洗面器並みの表面積にドカンとトンカツ、なみなみと注がれたたまねぎたっぷりのカレー。

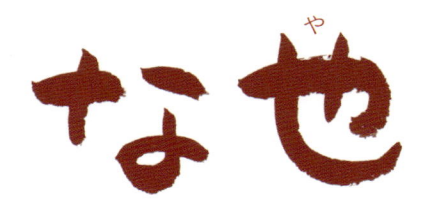

納屋をイメージした造りで、いっそう何屋かわかりにくい（笑）

ワンうどん制（？）ライブハウス

なせ《や》

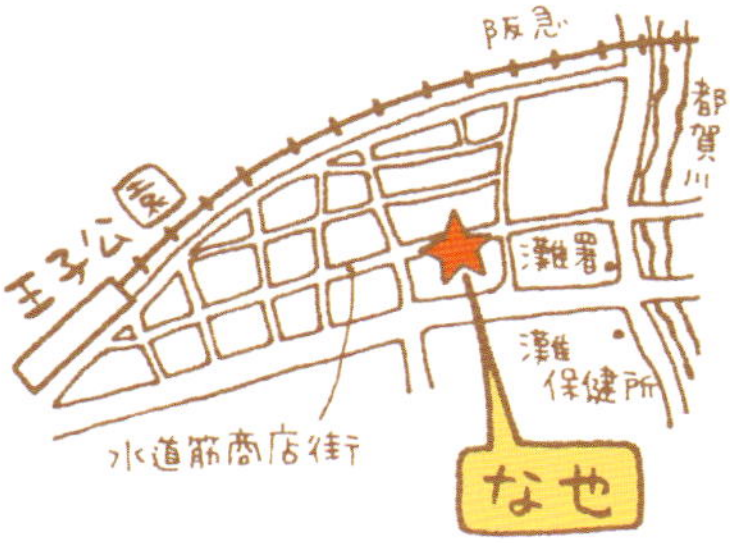

岡ちゃん「**うちはワンうどん制とちゃいますよ（笑）うどんの注文は自由です**」

浦「**ほなやっぱりライブハウスなんですか**」

岡ちゃん「**基本的にはうどん屋をやっているつもりです**」

阪急王子公園駅から、地元民が行き交う水道筋商店街を六甲方面に向かって10分くらい歩く。**普段は商店街の中にあるふつうのうどん屋なのだが、ライブがある日は早めに営業が終わり、店の中にステージが出現する。**自身もゴスペルを歌う岡ちゃんのネットワークで、関西では結構有名なアーティストが出演しているから『うどんも食べられる変わったライブハウス』と認識している人も多いんじゃないだろうか。

浦「私、実際に見たことがないんですが」

岡ちゃん「はいはい？」

浦「**お客さんがうどんをすすりながらソウルやジャズのライブを観ている図っ**

うどん　なせ

住所	兵庫県神戸市灘区水道筋 2-16
電話番号	（078）801-7801
営業時間	11:00 ～ 20:00 （ライブ時～ 16:00、19:00 ～ 22:00 頃）
定休日	無
席数	40 席
駐車場	無
ホームページ	http://plaza.rakuten.co.jp/udonnaya/

新鮮やわ〜
ライブを聴きながらうどん。

て、絵的におかしくないですか」

岡ちゃん **「ちょっとええでしょ、まったり目で（笑）」**

もう10年以上も前の話になるが、学生のとき、このすぐ近所に2年間ほど住んでいたことがある。そのときは今の『な也』がある場所には、お菓子のコトブキと小さなうどん屋さんがあったはずだった。

岡ちゃん 「それ、どっちもうちが経営してたんですわ。お菓子は50年前から、うどん・蕎麦の店は30年以上前から」

浦 「うわっ、それやったら老舗ですやん。ライブハウスやのに（笑）」

岡ちゃん 「前はさぬきうどんじゃなかったんです。さぬきの麺でやろうと僕がはじめたのが3年前で、ダシなんかは前の店のをちょっとアレンジしてます」

そう言えば前の小さな店のときに何度か食べに来たことがあるが、「うどんに

岡ちゃん（ゴスペルが似合いすぎ）

しますか、蕎麦にしますか」と聞かれていたような気がする。その頃はぶっかけうどんや生醤油うどんなんて知らなかったし、ダシがおいしいのが最優先だと思っていたし、うどん屋にはたいてい蕎麦もあるもんだと思っていた。

別「要するに、どんなメニューだったかはっきり覚えていないわけですね」

浦「いや、おいしいうどん屋さんやなぁとは思ってましたよ。そんなもんですよ、学生やったんですから」

別「私が香川のうどん屋データを集めはじめたのはちょうどその頃です」

浦「別府さんといっしょにせんといてください（笑）」

『天ぶっかけうどん（850円）』と、すき焼き風の味つけをした温かいうどんにご飯がついた『煮こみ定食（700円）』を注文した。**どっちも豪快な盛りつけで、しっかり量がある。**ちょっと細めの麺は冷たくするとピカピカに輝き、ムニッと快感を覚える食感。ぶっかけダシはそのままだと醤油がたっているが、生玉子が乗って出てくるので、混ぜて食べるとまろやかになってちょうどいい。煮こみの方はまさしく関西の味、ホッとひと息つ

天ぶっかけうどん
850円

てんぷらモリモリ！　玉子をつぶして混ぜながら食べましょう。

ける優しい甘み。

浦　**「むふーっ、あの水道筋商店街でこんなうどんが食べられるようになっているとは！」**

別　**「ちょっと近所へ買い物に行った帰りにこのうどんが食べられたら、なんとも幸せですねぇ」**

すき焼き系の味付けでごはんが進む。うどんに白米とは、関西らしいメニューですな。

ちなみに私も別府さんもここではじめて聞いた『うん六（550円）』は、温かいざるうどんのことである。関西では古くからそうよばれているのだそうだ。

別　「浦谷さん、前にあった店に来てたんだったら知ってるんじゃないんですか」

浦　「覚えてません（きっぱり）」

別　「そんなもんですかねぇ……」

岡ちゃん　「ちなみに僕たちは白ご飯のことを『しま』とよびます」

浦　「しま!?　それもはじめて聞きました。なんでですか」

岡ちゃん　「さあ（笑）　昔からそうよんでたから」

納屋をイメージしてデザインしたというスタイリッシュな造りの店で、かつライブハウスでありながら、細かな部分のいたるところに老舗の片鱗を残している新古の妙が『な也』の魅力なのだ。

その他の人気メニュー

牛すじぶっかけ 780円
うん六 550円
しょうゆうどん 550円

そう言われてみると、床がライブハウスっぽいかもしれん。

インパクトの強い、真っ黒な店。

小麦の味をかみしめる

小麦《こむぎ》の実《みの》り　灘店

別「見出しを考えるの、面倒くさくなってきたんでしょ」

浦「そんなことございません！　じっくり練った結論です」

別「その割りには安直ですねぇ……」

安直だろうと何だろうと、**ここの麺（とくにあったかいやつ）は店名どおりにちゃんと小麦の香りと味がするというのが一番の特徴なのだ。**ひねりにひねった小気味よい見出しを散々考えた末、誠意を込めてこの見出しに落ち着いたのである。

別「なんか嘘くさい……」

浦「うるさいっ」

〝秋のおすすめ〟と書かれていたから夏場はやっていないのかもしれない『釜上げ（５５０円）』は、実際のところ想像以上のおいしさだった。**ふわぁと漂ってくる、えも言われぬ小麦の香りに絶妙のゆで加減と食感の麺、つけダシの塩分**

饂飩本格手打　小麦の実り　灘店

住所	兵庫県神戸市灘区下河原通 3-1-3
電話番号	（078）805-3090
営業時間	11:00 ～ 23:00（LO22:30）
定休日	無
席数	32 席
駐車場	無

と甘みのバランス。それほど前面に出していないメニューなのにこの味はどうしたことか。

　ぶっかけや生醤油などの冷たい麺になると、ニュルッと粘りが出てグミっぽい噛み心地。えび天が2本乗った『ぶっかけ天（９００円）』のファンは多いし、もちろん冷たい麺もイケるのだが、個人的に『小麦の実り』の場合は温かい麺がすてきだと思う。２種類の味噌ダレでおでんを食べながらじっくり待っても、十分おつりが来るくらいの価値がある。

　ここは甲南店が１号店なのだが、現在は灘店に大将が常駐しているそうな。

食べる前にまず、すばらしい小麦の香りを存分に肺に入れてください。

2種類の味噌ダレで食べるおでんは各100円。

麺切り中の
大将。
かるやか
こっちへ進んでいく

灘店は周辺にラーメン屋とうどん屋がひしめく麺密集地帯。この店がある場所も少し前までラーメン屋だった。

浦「私、実は数年前まで近所に住んでました」

別「え？　ここもですか」

浦「うん、六甲の山手に」

別「浦谷さんて、兵庫県の海沿い一帯で小さく引っ越ししまくってるんですね」

浦「そうそう、不必要にね、ってほっといてください！」

生醤油うどん
500円

冷たい麺はしっとりとして噛み応えがある。

その他の人気メニュー
ぶっかけ天 900円
かしわ定食 750円
卵とじうどん 500円

神戸空港開港記念

空港《くうこう》セルフ

ベイ・シャトルで空港セルフのはしごだ〜い

２００６年、夏のある日。

別「浦谷さん、神戸空港にはもう行きましたか」

浦「そうそう、開港したんですよね。まだ行ったことないですけど」

別「実はセルフのさぬきうどん店が入ってるんです。『たもん庵』というチェーン店なんですが」

浦「へぇ〜」

別「関西国際空港にも『ざ・U-don』というセルフがあります。私が思うに、あそこは日本で一番高いセルフです」

浦「そりゃ空港ですからねぇ。いかにも高そうですもん」

別「神戸空港から関西国際空港間は直通の船が出ていて、なんと29分で着くんですよ！」

浦「はぁ、それがどうかしましたか」

別「ぜひそれに乗って、関西を代表する２空港のセルフ食べ歩きをやりましょう！」

たもん庵の人気メニュー

かけうどん 390 円
生醤油うどん 430 円
釜揚げうどん 430 円
天丼セット 720 円

たもん庵　神戸空港店

住　　所	兵庫県神戸市中央区神戸空港１番
電話番号	（078）306-1366
営業時間	6:30 〜 21:00
定 休 日	無
席　　数	77 席
駐車場台数	750 台
ホームページ	http://www.tamonan.co.jp

飛行機に乗るわけでも離着陸を見に行くわけでもなく、ただうどんを食べるためだけに、高い交通費を払って高い空港セルフをはしごするというのだ。なんてバカバカしいアイデアなのだろうか。

浦「今までやったらそんな無駄なこと絶対嫌やったのに、楽しそうと思ってしまう自分がコワイ……」

一番安いかけうどんで『たもん庵』が３９０円、『ざ・U-don』は４２０円。そこにてんぷらやおにぎりをオプションで取っていくとすぐに８００円くらいになるが、**一般店並みの高い料金も空港特有のスペシャルな空気に囲まれているせいで、なんとなく許せてしまう。**それどころか、あまりに無意味なことをやっている自分に気分が高揚さえしてくるのだ。

別「淡々と過ごす日々の生活に少し疲れたとき、現実逃避したいときなどに一度お試しください」

たもん庵のぶっかけうどん ４３０円
たこめし １８０円

春巻きの中にたこめしが入っておるのです。

ざ・Ｕーdon の人気メニュー

かけ 並 420 円
ぶっかけ 並 520 円
かま玉 並 600 円

ざ・Ｕーdon　関西国際空港店

住所	大阪府泉南郡田尻町泉州空港中１番地
電話番号	(0724) 56-6515
営業時間	8:00 ～ 22:00
定休日	無
席数	46 席
駐車場	有

マニアの域をすでに超えた

別

別府・ザ・武勇伝（ダイジェスト版）

●別府さんが常に携帯しているノートパソコン（Mac）には香川のうどん屋データがほぼ全店（約900軒、閉店した店を含めると約1200軒）入っていて、今いる場所を入力すると、その付近でその時刻に営業している店が検索できるシステムを搭載している。

●うどんに関するニュースが流れると、別府さんのサイト『さぬきうどん食べ、歩き』に自治体からのアクセスが増える。

●香川県内のバスがダイヤ改正した際は、バス会社の公式サイトより別府さんのサイトの方が早く更新される。で、バスの運転手さんに「こっちの路線でも『なかむら』行けるんで紹介してくださいよ〜」とか言われたりする。

●西讃（香川の西部地域）のうどん屋を取材中、大将に「あんたその言葉、この辺とちがうなぁ。坂出の方の人やね」と言われた。坂出は中讃（香川の中央あたりの地域）にある。

●香川の道をぶらぶら歩いていたら、軽トラに乗ったおじさんに「兄ちゃん、この辺にガラス屋ないかのぉ」と聞かれ、知っ

ていたので教えた。

●見ず知らずのうどん屋さんから、業界の最新事情について質問のメールが届く。
例：あのうどんチェーンの動向はどうなっているんでしょうか。

●香川の知り合いが京都へ遊びに来たときは、だいたいいつも香川にいる。

●うどん屋さんからうどんのレシピを尋ねられる。

●うどん関連のイベント時には大将たちを差し置いて、なぜか別府さんがうどんをゆでている。

●うどんイベントのためだけにニューヨークに行き、そのうえ観光もせずにうどん屋めぐりをして帰ってきた。

●ゆで釜から麺をあげる際、量らずにひと玉分（２００ｇ、２４０ｇ、２８０ｇなど）が取れる。ちなみにこれを〝玉取り〟という。

●香川のバス路線は全部覚えている

●ことでん（高松琴平電鉄）主要駅の発車時刻を覚えている。もちろん駅はすべてそらで言える。

●お昼ごはんを食べるためだけに香川に行ったりする。

うどんイベントにて。
天ぷらを揚げる某店の大将
大盛り2丁あがります～
販売している某店の大将
ありがとうございまーす
別府さんの配置はあそこでいいのか？

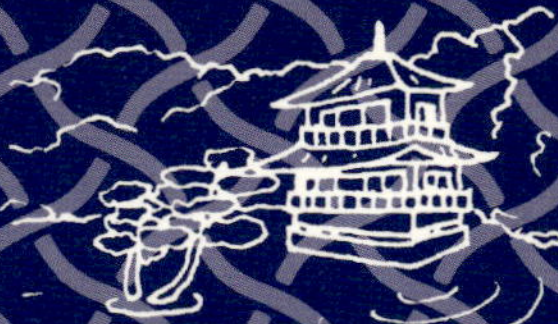

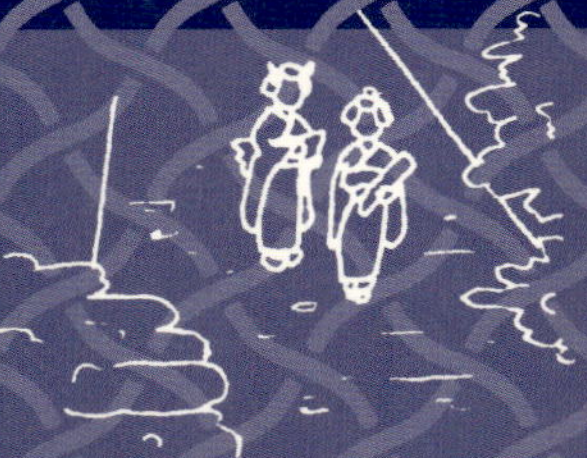

京都

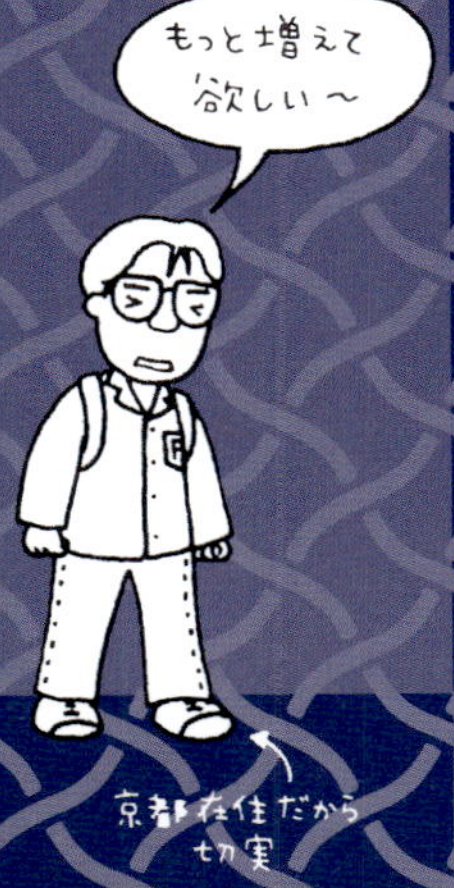
もっと増えて欲しい〜
京都在住だから切実

八坂神社

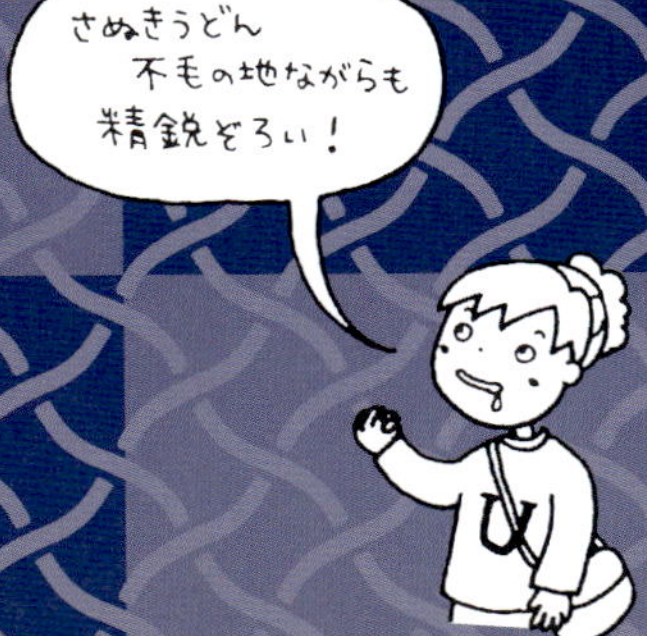
さぬきうどん不毛の地ながらも精鋭ぞろい！

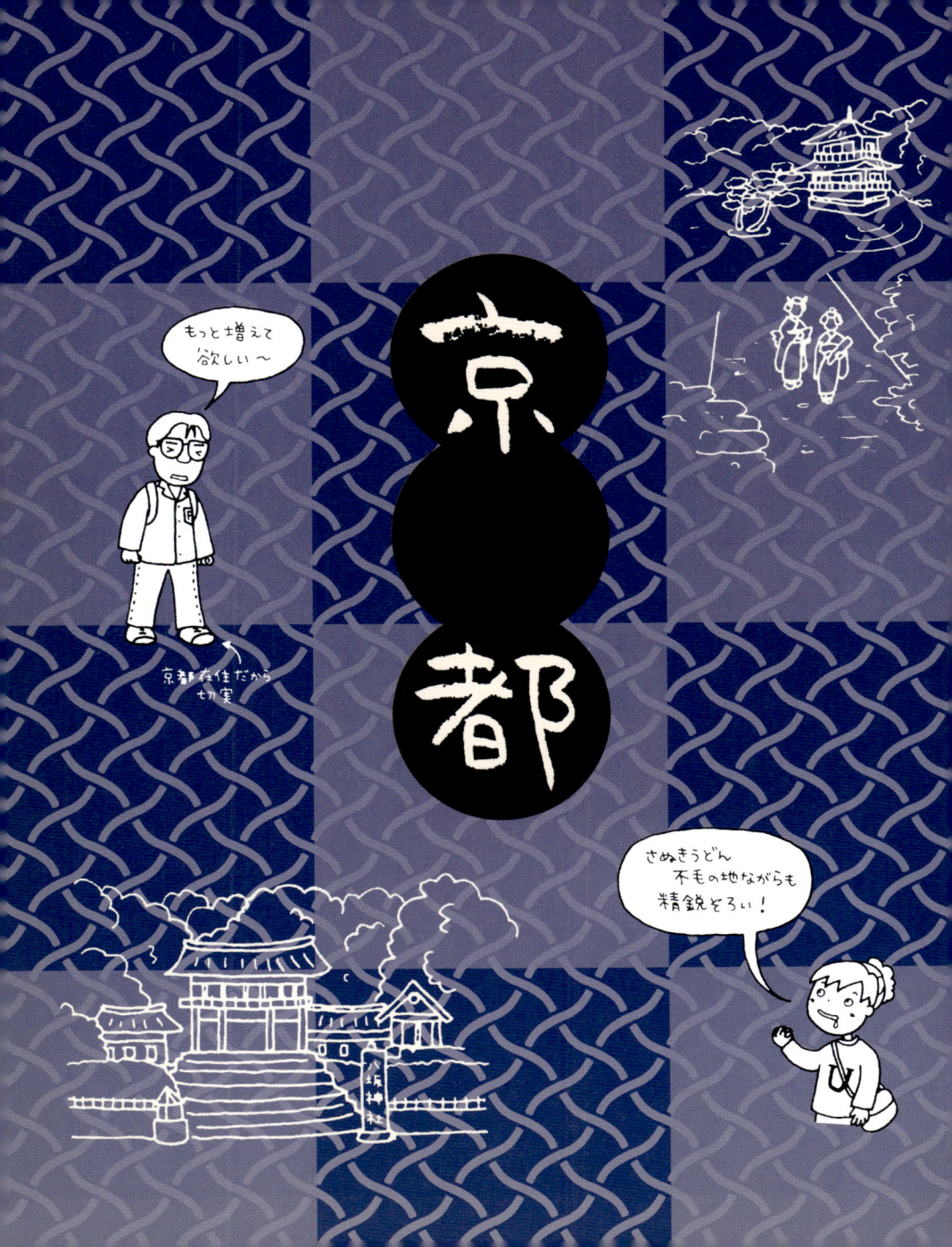

別「京都に住んでいる私としては非常に言いにくいことなんですが、**実は京都は、さぬきうどん不毛の地**なんです」

浦「は？　どういうことですか」

別「せっかくおいしい店ができても、すぐにつぶれてしまう。どうにも流行らないというか」

浦「大阪や兵庫ではあれだけ受け入れられているのに？」

別「京都は独自の『おうどん文化』があるので、なかなか馴染めないみたいです」

浦「おうどん文化……。ははぁ、なんとなくわかる気がします」

別「きつねうどんに代表される甘めのおダシがしゅんだ、ぼってりと柔らかい麺こそが京都のうどんだ！　というような、うまく言えませんが、プライドがあるんです」

浦「さぬきうどんとは対極にありますが、あれもおいしいんですよね～」

別「**だから街の規模に比較して、さぬきうどん店は極端に少ないんです。残念ながら**」

風情のある町並みに溶け込んで、いい雰囲気になってきた。

風情をまとった個人セルフ

中野屋《なかのや》

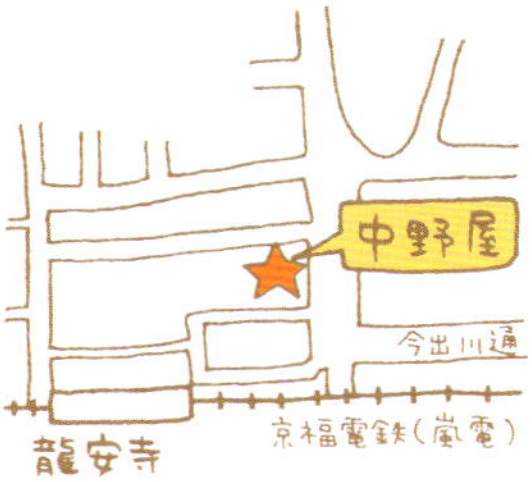

嵐電《らんでん》に乗ってのんびりガタゴト揺られ、龍安寺駅で降りる。車内で精算。駅には改札がない。

浦「のどかですねぇ〜。私、とっても小旅行気分です」

別「さぁ、こっちです」

浦**「そこから駅を出るんですか!?　うわぁ、たまらん」**

ホームの端にある小さな階段を下りると、民家の軒先や洗濯物が並ぶ細い路地につながっているのだ。道幅約1メートル、すぐ横に線路が走っている。ここを抜けて、左に曲がるとすぐに『中野屋』が見えてきた。

別**「京都では数少ないさぬきうどん店の中でも、さらにめずらしい個人セルフなんです。私も数年ぶりに来ましたが、すっかり風景に溶け込んで、いい雰囲気になってきましたね」**

愛媛の松山出身のマスターと京都出身

さぬきうどん　中野屋

住　　所	京都府京都市右京区谷口垣ノ内町 7-22
電話番号	(075) 467-3303
営業時間	11:00 ～ 14:00、16:30 ～ 20:00
定 休 日	火曜（祝日の場合営業、翌日休み）
席　　数	20 席
駐 車 場	無

のママさんご夫婦は、店をオープンする前、長い間高松に住んでいたのだそうだ。

ママ「そのとき『中野屋』さんとご縁があって、『中野うどん学校』でうどん打ちの講師をさせてもらってたんです」

浦「先生をされてたんですか!」

ママ「その後京都に戻ることになって、屋号をいただいて」

大学が近いせいもあり、店内は学生とおぼしき若者でいっぱいだった。それもそのはず、『かけうどん(並180円)』と、セルフならではのうれしい安さ。それぞれのメニューには並(1玉)、大(2玉)、3(3玉)、4(4玉)の値段設定があって、常に飢えた男子学生には非常にありがたい店である。

別「ひとこと言わせてもらいますと、男子学生が常に飢えている、というのは勝手な思い込みです」

浦「別府さんは違うかったんですか」

別「私は大学時代からうどん代と交通費だけは惜しみませんでした。ゆえに飢える前にうどんを摂取していました」

浦「それは、あなたがうどんマニアで鉄道マニアなだけです」

セルフではおなじみのおでんやてんぷら、ごはん類のオプションの他に、この店にはさまざまなトッピングが用意されている。変わり種は『チーズ(100円)』、『ピリ辛薬味(50円)』。ちなみに釜あげ麺にピリ辛薬味と特製ダレをかけて食べ

る『ピリ釜うどん（並２８０円）』なんかはファンが多いらしい。

別「あっ、冷やしうどんがあるじゃないですか！　浦谷さん、知ってますか？」

浦「ざるうどんとは違うんですか」

別「ガラスの器に氷を浮かべた水を張って、そこに麺を入れたやつです。つけダシで食べます」

別「まんま、そうめんですやん」

浦「そうめんと違ってうどんは太いですからね。氷で締められた麺がこう、キュッと硬くなって。時間が経てば経つほどどんどん硬くなっていくんです」

浦「それってめっちゃ食べにくそうですね」

別「それはそれで、夏の風物詩的な冷やしうどんならではのおいしさがあるんですよ。ああ食べたい！」

　別府さんの言うとおり、『冷やしうどん（並２８０円）』は見た目も涼やかなガラスのそうめん鉢に入って出てきた。大きな氷が浮かべられた水の中で泳ぐ、キンキンに冷えてガシッとミシッとした麺。うどんの味を楽しむにはちょっと硬くなりすぎかもしれないが、なんとなく郷愁を誘うメニューだ。

見た目は太いそうめんですわな。

別「個人的な意見としては、ゆで置きの麺を使うとおいしいです」

浦「上級者向きの発言ですね……。でも、結構この硬さがクセになるかも」

クニクニと冷たさを噛みしめて飲み込んだときの、胃の感じが気持ちよかったりする。暑い夏にはそうめんよりこっちの方が、体がクールダウンしそうだ。

別「まぁたぶん、そんな理由ではなくて、香川では〝そこにうどん玉があったから〟できたメニューなんだと思います。暑いし氷入れとけー！　みたいな（笑）」

『ひやひや（並180円）』から『たらいうどん（6玉分840円）』まであって、香川セルフもびっくりの充実したさぬきっぷり。そのメニューを、あえて特徴を抑えた基本に忠実なコシ麺に関西風のダシで提供している。お昼にガツガツ食べたい、そんなうどんである。おでんもウマイ。

ママ「私がもともと京都の人間やから、京都人の味覚はわかるんです。そやから麺はちょっぴり細めに、ダシもいりこを使いたいところやけど、昆布とかつおで。そうやって味を調整してきたから、オープンして4年、ずっとかわいがってもらえてるんやと思います」

中野うどん学校は
うどん作り体験が
できるところ。
香川の琴平に
あります。
講師をしていた
ママさん

その他の人気メニュー

ピリ釜生じょうゆ 並 400 円
豆乳うどん 並 680 円
カレーうどん 並 500 円

物干し竿に掛けられたのれんが目印。めっちゃわかりにくい（笑）

薬草と、ロハスとうどん

麺《めん》の旅歌《たびうた》

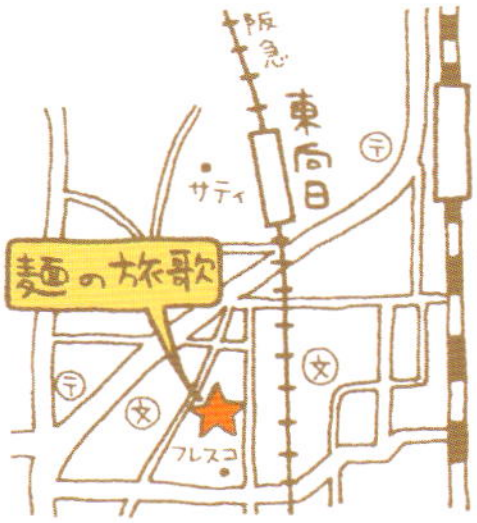

浦「**わはは！　もしかしてあそこですか？**」

別「**そうです。あのモジャモジャと木が生い茂った庭の物干しに掛けられた、のれんが目印です**」

阪急京都線の東向日駅から商店街を抜け、トボトボ住宅街を歩いていると、**おかしなところに「手打うどん」と書かれたのれんが見えてくる。**カーブになっているその道沿いに進んで、左側を注意深く探しているときっと発見できるのではないだろうかという場所に『麺の旅歌』はある。

浦「**めでたく関西・ザ・民家うどん第1号に認定します！**」

別「**はい、どこから見ても立派な民家です**」

引き戸を開けて店内に入ると、人懐っこい笑顔のご夫婦とおばあちゃんが奥にある厨房で開店準備中だった。**店いっぱ**

麺の旅歌

住所	京都府向日市寺戸町東野辺東野辺 55-1
電話番号	(075) 932-1880
営業時間	11:00 ～ 18:00 (麺終了次第) 現在休業中（2007 年 2 月）
定休日	月曜、火曜、水曜、木曜、金曜
席数	10 席
駐車場台数	4 台

いに力強く干しシイタケの匂いが漂っている。

浦「田舎風のダシみたいですね」

別「醤油しか置いていない香川の『池上《いけがみ》』で修行されたみたいですから、ダシは独自の味なんでしょう」

浦「え、あの有名なルミコばあちゃんの所ですか!?」

別「数多いお弟子さんの中でも、なんとこちらが一番弟子だそうですよ」

裏庭ののれんは、ルミコばあちゃんが生まれてはじめて四国から出て京都まで来てくれたときに、オープン祝いとして

うどん

店はここ。どこから見ても間違いなく民家。

贈られたものなのだそうだ。ついでに、店の神棚に飾ってあるお茶目な猫の置物もばあちゃんからのプレゼント。

大将「**普段は夫婦で薬草屋をやっているんです。**あちこちを旅して見つけた自然のものから、ほんとうに体にいいものだけを作る。ロハスっちゅうやつです」

浦「薬草屋さんが、またなんでうどん作りを?」

大将「かれこれ7~8年前になるかな。四国を旅しているときに『池上』のうどんを食べて、あまりの旨さに衝撃を受けてね。最近の子どもはハンバーガーとかジャンクフードばかり好むけども、こういう、日本に昔からある滋味あふれる物を食べなあかんのちゃうかと。それで頼み込んで修行させてもらったんですわ」

奥さん「おかげさんで、近所の小学校でうちの『ブッカケうどん(450円)』がブームになってるそうなんですよ」

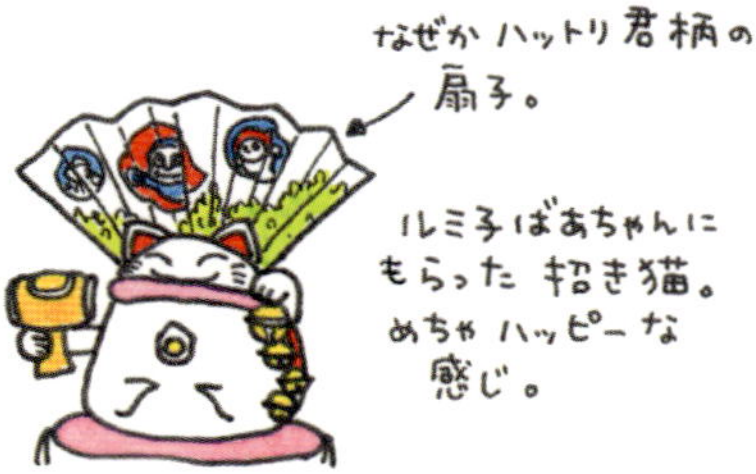

なぜか ハットリ君柄の 扇子。
ルミ子ばあちゃんに もらった 招き猫。 めちゃ ハッピーな 感じ。

浦「小学校でブームに!?（笑）」

奥さん「もう食べたか、食べてないかって競ってくれているみたいです。ほんとにうれしいことです」

『池上』で修行した人らしいガッシリした太麺は、少しねじれていて表面にブツブツと小麦粉が見える田舎の味。これに甘いシイタケ風味のダシを合わせて食べるのだから、田舎度はかなりのものである。

ロハスなご夫婦とおばあちゃん。
現在、麺の打ちすぎで大将が腰痛のため休業中（2007年2月）。近いうちに再開予定。

浦「**う〜ん、ロハス〜**」

別「ぶっかけ類にトッピングされた干しシイタケの甘煮、サツマイモの入った大

麺もダシも田舎度高し。大切に守っていきたい味。

ブッカケうどん
450円

きなかき揚げ。田舎のお母さんが作る、おいしくて懐かしいうどんという感じです」

浦「この麺の素朴さ、なんだかうれしくなっちゃいますねぇ。心がホクホクします」

別「行くたびにどんどん麺が良くなっているとある筋から聞いていましたが、これほどとは思いませんでした」

平日は薬草屋業のため、土日だけの営業。ご注意を。

浦「あ、あと、トイレは厨房に入ってご自宅に上がりこんでお借りするので、ひと声かけた方がよろしいかと思います」

その他の人気メニュー

田舎ブッカケうどん 500円
きつねうどん 550円
鍋焼きうどん 800円

かき揚げうどん 600円

シイタケ風味のダシにサツマイモ入りのかき揚げ。滋味あふれまくり。

香川の日常ド真ん中

いきいきうどん 京都烏丸御池店

浦「不毛の地とか言いながら、京都もなかなかおもしろいじゃないですか」

別「当たり前です、おすすめの店だけチョイスしてるんですから」

浦「そりゃ失礼しました（笑）」

別「でももう、それほど引き出しがないんですよ……」

そんな話をしながら、香川の『いきいきうどん』直営店である烏丸御池店へ向かった。京都では一番大型の大衆セルフである。毎日、香川の宮武讃岐製麺所から届けられた麺生地を使用しているそうで、てんぷらや惣菜もかなりの充実ぶり。**ダシサーバーがあり、かけうどん系のメニューを頼むと自分でダシを注ぐ方式。**

別「この店の味は、香川にあるセルフのド真ん中だと私は思っています。たまに無性にここのうどんが食べたくなるのは、そのせいかもしれません」

浦「どういうことですか」

セルフ式さぬきうどん　いきいきうどん　京都烏丸御池店

住所	京都府京都市中京区御池通室町東入ル
電話番号	(075) 254-8677
営業時間	8:00 ～ 21:00
定休日	無
席数	約 70 席 (店頭にテラス席もあり)
駐車場	無
ホームページ	http://www.ik2.jp/

お惣菜
お寿司
おむすび
おでん

てんぷら、ごはんもの、お惣菜など見事な充実ぶり。有名な鎌田のしょうゆも販売してます。

別「香川には約９００軒もうどん屋があるんです。その中にはもちろん、当たりもあればハズレもある」

浦「そりゃそうでしょうね」

別「手当たり次第に店に入った場合は、どちらかというとハズレの方が多いです。当たりの確率だけで言えば、関西の方がずっと上ではないかと」

浦「げげっ、そうなんですか!?」

別「うどん文化があまりに根づいていて、味うんぬんをとやかく言わないお客さんが多いですから。それに、どんなうどんでも慣れるとおいしいものです」

浦「なんじゃそりゃ（笑）」

別「数百軒のうどん屋を食べ歩いた経験から言って、この『いきいきうどん』は平均点を取れる大事な1軒です。気張らず毎日食べられる、日常うどんと言えます」

浦「ふぅん、そんなもんですかねぇ……」

別府さんの言う〝ド真ん中うどん〟、お試しになりたい方はぜひ。

その他の人気メニュー

釜たま 小 340 円
釜あげ 小 290 円
ぶっかけ 小 340 円

私は四国のうどん屋です。
UDON・ONIGIRI・TEMPURA
いきいきうどん

キラーン
私のデータから考えうるに、当たりの確率は関西の方が上かと。

ピチピチ地場野菜&味噌おでん

さぬき庵《あん》

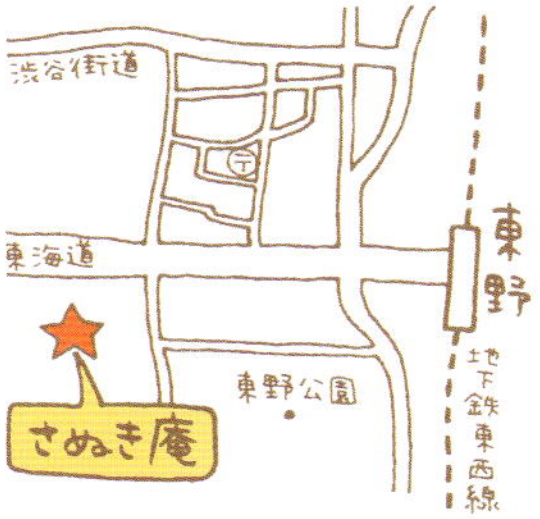

住宅街の中、細い川沿いの道にひっそりと『さぬき庵』はあった。

浦「見るからに歴史のありそうな佇まいですね」

別**「20年以上前からですから、かなりの老舗です。香川風に長い串に刺さった、味噌おでんが名物なんですよ」**

店内はカウンターと座敷席のみ。お揃いの布で作られた作務衣とエプロンをパリッと着こなした、いなせな感じのご夫婦が迎えてくれる。身内で切り盛りしている店ならではの、気遣いのいらないアットホームな雰囲気。

大将「この服ね、私の妹が作ってくれるんですわ。ホームページはシカゴにおる娘が作ってくれてます」

おでんをつつきながら『きつねうどん(480円)』と、夏季限定の『さぬき冷めん(700円)』を頼んでみた。

浦**「すっごい、冷めんにトマトどっさり**

手打ちうどん　さぬき庵

住所	京都府京都市山科区西野大鳥井町 50-10
電話番号	(075) 591-9533
営業時間	11:00 ~ 21:00
定休日	火曜
席数	22 席
駐車場	無
ホームページ	http://web.kyoto-inet.or.jp/people/morozumi/

さぬきうどん不毛の地・京都で長年営業してきた、風格さえ感じさせる佇まい。

大将の妹さん作製、お揃いの布地で作られた作務衣とエプロン。にこやかな ご夫婦です。

ですやん！」

別「きゅうりとワカメもどっさり乗ってます……あっ」

浦「んん？　なんか今、オレンジ色のものが見えませんでした？」

別「缶詰のみかんを発見（笑）　麺はこの大きな氷の下にひそかに隠れているようです」

それにしても、このトマトやらきゅうりがうまいうまい！　麺を食べることも忘れるほど、とれたての地場野菜はめちゃんこ新鮮でほっぺが落ちるうまさなのだ。 鳴門産のワカメも肉厚でシャキシャキ。あまーく炊かれた『きつねうどん』のアゲは、分厚くてデッカイやつが2枚も乗って出てくる。どちらも具材だけで大満足である。

別「めちゃんこ、って言葉、久しぶりに

トマトとワカメに覆われて、麺がまったく見えない。オレンジ色の物体はなんとみかん（笑）

聞きました」

浦「気持ちとしては〝むちゃくちゃ〟の上をいく表現なんですが、年齢がバレますかね……」

麺はさぬきらしい剛麺。お客さんを待たせないよう、ゆでてから時間が経ってもおいしい麺を作ろうと、大将は日々研究を怠らない。今は香川で生産されている小麦粉『さぬきの夢2000』をブレンドして使っている。

別**「なかなか扱いにくい小麦粉だというのが一般的な意見なのですが、うまくブレンドしてあってモッチリ感もあるし、研究熱心さがよくわかりますね」**

長年営業していても、おいしさを求めてまい進する大将に拍手を送りたい。

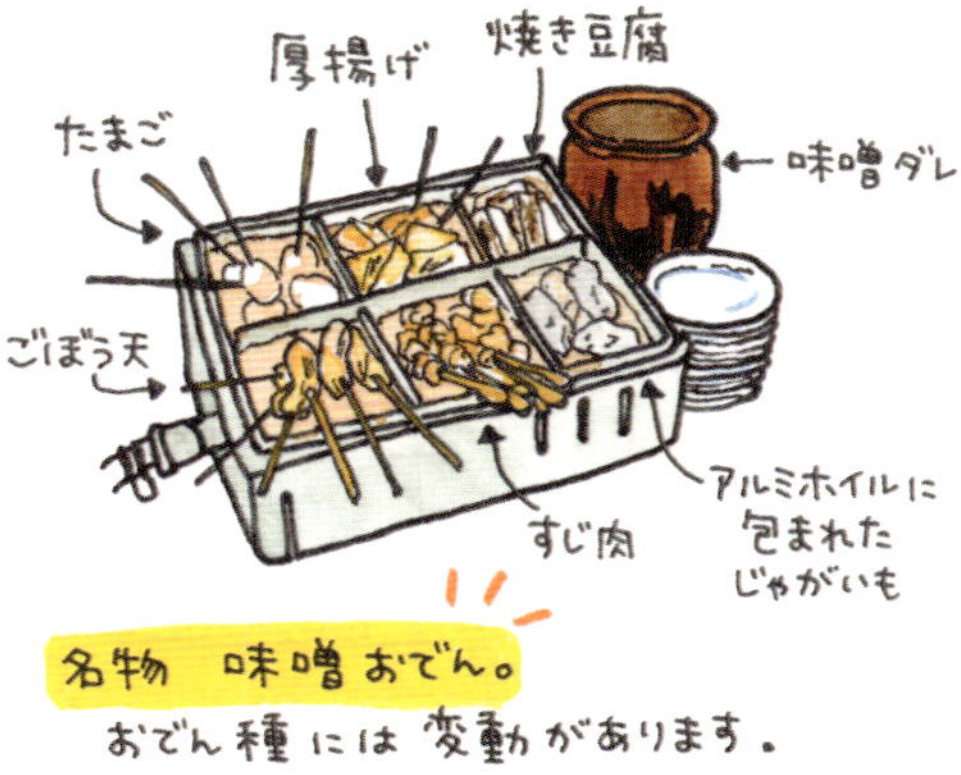
焼き豆腐
厚揚げ
たまご
味噌ダレ
ごぼう天
アルミホイルに包まれたじゃがいも
すじ肉
名物 味噌おでん。
おでん種には変動があります。

きつねうどん
480円
さぬき庵

その他の人気メニュー

釜あげうどん 520円

天ぷらうどん 620円

さぬきチャンポン 700円

伝統の都で
異彩を放つ新星

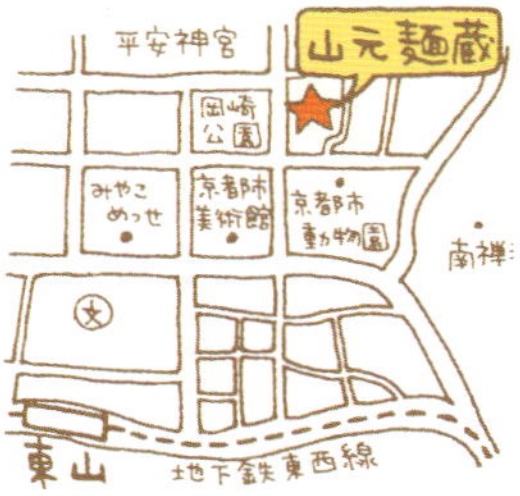

山元麺蔵《やまもとめんぞう》

浦「あれですね、京都は粉を感じるモッチリ系の麺が多いですね」

別「やはりおうどん文化の影響ではないでしょうか」

浦「大阪に多かった、ニュルニュル洗練麺とかはないんですか?」

別「京都ではむずかしいのかもしれません。**だいたい、モッチリでもすごいことなんです。京風うどんの店だと、箸で持ち上げただけでブツッと切れてしまう麺がほとんどなんですから**」

浦「ええー、そうでしたっけ!? やっぱり大阪や兵庫とはちょっと違うなぁ」

別「ですが、ふふふ……。**実は最近1軒登場しました**」

別府さんがここのところよく通っているというその店は、平安神宮そばにあるうどんの老舗『岡北』の2軒隣。あいだに挟まっている1軒は民家なので、ぱっと見たところうどん屋が2軒並んでいる

手打ちうどん　山元麺蔵

住所	京都府京都市左京区岡崎南御所町 34
電話番号	(075) 751-0677
営業時間	11:00 ～ 14:30、17:30 ～ 21:00 (水曜は昼のみ営業)(土・日・祝 11:00 ～ 21:00)
定休日	木曜、第 4 水曜
席数	18 席
駐車場台数	3 台

感じになる。なんと勇気ある立地！　と思ったら、大将のおばあちゃん家を改装したのだそうだ。

別「バレーボールの実業団で活躍していた、かっこいいお兄さんが大将ですよ」

浦「麺を打つには体育会系の筋力が必要ですからねぇ（笑）」

牛と土ゴボウのおうどん
945円

平安神宮そばのロケーションにふさわしい風雅なメニュー。

別府情報によると、香川では職業訓練でさぬきうどん科というのが存在しているそうな。麺の打ち方、経営の仕方などをひととおり伝授してくれ、修行先の斡旋までしてくれるらしい。

浦「そりゃすごいっすね！　さすが香川、カルチャーショックだ」

別「高松と丸亀の2か所で開講されていたんですが、現在は丸亀のみになっています。**ここの大将は高松で受講した数少ない卒業生の1人なんです**」

寒い季節に行ったからか京都という土地柄ゆえか、温かいメニューの方が多かったのだが、**オススメは絶対なんといっても冷たい麺である。**『鶏ささみ天ざる（945円）』を注文して待つこと10分ちょっと、やってきた麺を見て思わず歓声をあげてしまった。

浦「**うっわー！　ビッカビカのぬれぬれですやん!!**」

ああっまぶしいっ
ビッカー

「**すごいでしょう。細麺ですがムッチリとした食感で、新鮮な刺身のようなぬれ感があるんです**」

照明を反射して宝石のように光り輝くその姿。カテゴリ的には洗練麺だが、この細さでこの水分含有率はすごい。ゆでたてしか提供できないはずである。

「この店はビールを頼むと、うどんの素揚げを出してくれるんです。塩加減がアテにぴったりですよ」

夜遅めの時間帯、『山元麺蔵』のカウンターでめがねをかけた人がビール片手にぞぞ〜っ、ぞぞ〜っとうどんをすすっていたら、それはまちがいなく別府さんです。行った際は要チェック！（笑）

元バレーボール選手だけあって、スタイル抜群の大将、元《ゲン》ちゃん。
お姉さんが店を手伝っています。

この麺のピカピカ具合は実際に見てもらわんと無理です。

鶏ささみ天ざる
945円

その他の人気メニュー

冷やかけおろし 登場予定
赤い麺蔵スペシャル 1155円
土ごぼう天ざる 890円

そんなわけで前編はここまで！　この先、大阪（大阪市以外）、兵庫（神戸市以外）、滋賀、和歌山、奈良の店は後編と相成ります。

別「ちょっとした疑問なんですが、どうして2冊に分けたんでしょうか」

浦「思っていたよりずっと軒数が多くなっちゃって。さっぱり1冊に収まりきらんかったんですわ」

別「いいかげんな……」

浦「個人的な意見としては後編の方がおもしろいっすよ」

別「著者がそんなこと言っちゃダメです」

前編は都心部中心でお送りしましたが、**後編は立地が怪しい個人セルフやら、おばあちゃんの打つ麺が土日だけ食べられる辺境の店、だれもやったことのない未開の和歌山ツアーなどなど、本場香川のうどんめぐりを彷彿とさせるレクリエーション的な店が満載です。**

別「後編も買えっていうことを遠回しに言っているわけですね」

浦「もちろんですがな」

後編は もっと すごいことに なっている！
ズブズブ
さぬきうどんに ハマッていく図

別府さんベースであなたのさぬきうどんマニア度をはかる

ようこそ
別府ワールドへ
うどんプロフェッサー
別府 譲

別府度チェック！

あてはまるものに○をつけ、左の頁で判定してください。

1. 最低でも1日1食はうどんだ
2. スーパーではまず、うどんコーナーに行く
3. 飲んだあとのシメはうどんだ
4. さぬきうどんの記事が載っている雑誌は全部買う
5. さぬきうどん系ブログは毎日かかさずチェックしている
6. 冷蔵庫の中にはいつも必ずうどんが入っている
7. うどんが打てる
8. 天気予報は香川もチェックする
9. 人に道を教えるときはうどん屋がランドマークだ
10. 高松行きの高速バスを見かけたら乗りたくなる
11. IruCa（高松琴平電鉄、略称ことでんのICカード）を持っている
12. かわらまちと言えば高松が思い浮かぶ
13. 香川の全市町が言える
14. さぬき弁のヒアリングができる
15. うどんで人生が変わった

0〜2　まだまだべっぷー

あなたはまだ、さぬきうどんの扉を軽く開いたところです。この先どんどんディープになり楽しくなっていきますが、引き返すなら今のうちです。

3〜6　ちょいべっぷー

あなたは、知り合いに「うどんマニアだ」と公言できるレベルです。それが良いことなのかどうかはわかりません。

7〜12　かなりべっぷー

かなり深みにハマってしまっていますね……。一生さぬきうどんと添い遂げる覚悟をしておきましょう。

13〜15　ほぼべっぷー

あなたはほぼ完璧に、ヤバイくらい別府さんです。街で会ったらどっちかが消えるでしょう。

※香川出身者、および香川在住の人は除きます

関西さぬきうどん豆知識

麺

【生麺（なまめん）】
ゆでる前のうどんの麺。小麦粉と塩と水を混ぜて、寝かせたり練ったりして、ダンゴとよばれる状態になったものを薄く延ばし、細長く切ったもの。そのまま食べるとすんごい塩辛い。

【ゆで麺（ゆでめん）】
生麺をゆでて冷水でよく洗い、表面のぬめりを取り除いたもの。こうすることで麺にコシとツヤがでる。ほとんどのメニューは、この麺をそのまま使ったり、再度あたためたりして作られる。

【釜あげ麺（かまあげめん）】
ゆでたままの麺。冷水で洗わないので、少々粉っぽくぼってりとして、表面にぬめりがあるのが特徴。メニューに〝釜（かま）〟という字が入っていたら、釜あげ麺を使っているということ。

【多加水麺（たかすいめん）】
生麺を作るときに水の含有量を増やしたもの。最近オープンした関西の店にはこれが多い。なめらかでみずみずしい食感になるが、温度や湿度の管理、ゆで置ける時間が短いなど、なかなか扱いがむずかしいらしい。

ダシ

〝さぬきうどん〟でイメージされる、いわゆる典型的ないりこダシはアラを取らずにガンガン煮出した野性味あふれる味わいだが、関西では丁寧に処理したいりこで上品に仕上げるのが一般的。たいていは昆布・かつおなどとブレンドする。いりこをまったく使わない店も多い。

【かけダシ】かけうどん系メニューに使う。関西でいう〝おダシ〟。

【つけダシ】ざるうどんや釜あげうどんに使う濃いダシ。麺をつけて食べる。

【ぶっかけダシ】ぶっかけうどんに使う。かけダシより濃く、つけダシより薄い味。

【ダシ醤油】醤油うどんに使う。ダシと醤油を割ったもの。

メニュー

【醤油うどん、生醤油うどん】
さぬきうどんの代表的なメニュー。ゆで麺に醤油、もしくはダシ醤油をちょろっとかけて食べるシンプルなうどん。冷たい麺と温かい麺（あたためたゆで麺）から選べることが多い。薬味は大根おろしやすだち、ネギなど。

【かけうどん】
ゆで麺にかけダシをかけたもの。関西でいう〝素うどん〟。ネギや天かすなどで食べる。ピンクの縁取りがついたかまぼこは乗らない。

【ぶっかけうどん】ゆで麺にぶっかけダシをかけて食べるうどん。ダシは麺にかぶるほどかけてはいけない。名前が似ているのでかけうどんと区別のつかない人が関西にはチラホラいるが、だいぶ違う。

【釜たまうどん】アツアツの釜あげ麺に生玉子をからめ、醤油をかけて食べるうどん。急いで混ぜないと玉子が変な固まり方をするので注意。

【釜あげうどん】釜あげ麺を、湯といっしょに丼に入れて提供されるうどん。ゆで釜から取った湯はにごっている。つけダシで食べる。

【湯だめうどん】あたためたゆで麺を、湯といっしょに丼に入れて提供されるうどん。湯はにごっていない。つけダシで食べる。

【ひやひや、ひやあつ、あつあつ】かけうどんの種類。順に、冷たい麺に冷たいダシをかけたもの、冷たい麺に熱いダシをかけたもの、あたためた麺に熱いダシをかけたもの。もともとは香川の宮武系とよばれる一部の店でのみ使われてきた名称。関西では冷たいかけダシを出す場合、この名称もしくは「ひやかけ」「あつかけ」という名称を使うことが多い。当たり前だが、冷たいかけダシのない店では使わない。

【打ち込みうどん】塩を使わず打った生麺を、味噌仕立てのお汁に入れて炊いたもの。関西で出している店は少ない。

【冷やしうどん】冷たい麺を氷水に浮かべて、つけダシでそうめんのようにして食べるうどん。関西で出している店は少ない。

店の形態

【一般店】席に座って注文したら完成されたうどんが出てくる店。関西はほとんどがこれ。

【セルフ店】立ったままうどんを注文し、てんぷらなどを自分で取って精算してから食べる店。細かな作法は店によって千差万別。数年前、この形態の店が関西にもいっぱいできたが、最近少し減った。

【製麺所型店】もともとうどん玉の卸をしている製麺所が、ついでに食べさせてくれるという形態。関西には存在しないが、それっぽい店はある（笑）

浦谷さおりの本

ヌーヤルバーガー なんたることだ

沖縄カルチャーショック

浦谷さおり
ヌーヤルバーガー
なんたることだ
沖縄カルチャーショック
西日本出版社

文と絵・浦谷さおり
西日本出版社
定価1,470円(1,400円+税)
A5判
ISBN:4-901908-04-9

ていうか、浦谷さん
こんなアタマ
だったんですか
これが
デビュー作です。
オキナワ本。

親切の波にもまれる。

ひょんなことから沖縄・玉城村にプチ移住。
わけもわからず親切のマシンガン攻撃に翻弄され
ヘロヘロになりながら、ちょっとずつ沖縄文化を
知っていく。こんなに楽しくていいのかオキナワ!

関西弁のかけあい
&
脱力系のイラストで
描く、うちなーラビリンス!

おすすめの店
31店を
収録

超麺通団シリーズ

超麺通団3
麺通団の
さぬきうどんのめぐり方
田尾和俊
ブームの仕掛け人が送る
アヤしくもおもしろい
讃岐うどん巡り最新情報！

本場に
行くなら
これが超麺通団
の最新版！
掲載店に絶対たどり
着ける、すんごい詳しい
周辺マップは団長の
ご指示のもと、私が
描いてます。

超麺通団3　麺通団の さぬきうどんのめぐり方

著・田尾和俊
定価980円（933円＋税）
AB判
ISBN:4-901908-23-5
西日本出版社

これが
さぬきうどんめぐり
の**決定版**

さぬきうどんブームで巷にあふれるうどん情報を、
“ブームの仕掛け人”麺通団が初心者向けに
改めて整理してみました。
これさえあれば、いろんな方向からうどんめぐりが
楽しめます（笑）データ担当はもちろん別府さん。

超麺通団2
団長の事件簿『うどんの人』の巻

著・田尾和俊
定価1,470円（1,400円＋税）
B6判　西日本出版社
ISBN：4-901908-06-5

超麺通団
団長田尾和俊と12人の麺徒たち

著・田尾和俊
定価1,365円（1,300円＋税）
B6判　西日本出版社
ISBN：4-901908-01-4

どれも団長トーク炸裂でお笑い満載！
ちなみに私が描いている
2の団長イラストは
似てないと評判です

似てないって
知ってたんですか…

エヘッ

それはまた
無責任な話ですね

◇著者紹介

浦谷さおり

１９７３年生まれ、神戸大学中退。雑誌を中心にイラストと文章の仕事に携わって10年目。最近、さらに仕事が楽しくなってきた。本人の意思とは無関係に、食べものと旅行関係の仕事が多い。２００６年、普通のうどん好きだったはずが、別府さんのせいですっかりうどん中毒に。

著書『ヌーヤルバーガーなんたることだ』（西日本出版社）、『私のお遍路日記』（共著／西日本出版社）

関西極楽さぬきうどん

【前編】
ちく玉天ぶっかけなんたることだ

2007年4月12日第1刷発行

文・イラスト
浦谷さおり

案内人
別府　護

発行者
内山正之

発行所
株式会社西日本出版社
〒564-0044　大阪府吹田市南金田 1-8-25-402
営業・受注センター
〒564-0044　大阪府吹田市南金田 1-11-11-202
TEL 06-6338-3078　FAX 06-6310-7057
http://www.jimotonohon.com/
郵便振替口座番号 00980-4-181121

編　集
高瀬桃子（桃夭舎）

デザイン
上野かおる　吉見まゆ子（鷺草デザイン事務所）

印刷・製本
モリモト印刷株式会社

ISBN 978-4-901908-28-3　C0026